国家大中小学外语教材建设重点研究基地（北京外国语大学）成果
本书获得中国外语教材研究中心和北京外国语大学"双一流"重大标志性项目资助

 外语教材研究丛书　　　总主编　孙有中

中国基础
外语教材研究

主编　杨鲁新

外语教学与研究出版社
北京

图书在版编目（CIP）数据

中国基础外语教材研究 / 杨鲁新主编． —— 北京：外语教学与研究出版社，2023.12
（2024.9 重印）
（外语教材研究丛书 / 孙有中总主编）
ISBN 978-7-5213-4959-7

I. ①中⋯ II. ①杨⋯ III. ①外语－教材－研究－中国 IV. ①H3

中国国家版本馆 CIP 数据核字 (2023) 第 234109 号

出 版 人　王　芳
选题策划　李会钦
项目负责　高　婷
责任编辑　秦启越
责任校对　段长城
封面设计　郭　莹
出版发行　外语教学与研究出版社
社　　址　北京市西三环北路 19 号（100089）
网　　址　https://www.fltrp.com
印　　刷　北京九州迅驰传媒文化有限公司
开　　本　650×980　1/16
印　　张　13.75
版　　次　2023 年 12 月第 1 版　2024 年 9 月第 3 次印刷
书　　号　ISBN 978-7-5213-4959-7
定　　价　59.90 元

如有图书采购需求，图书内容或印刷装订等问题，侵权、盗版书籍等线索，请拨打以下电话或关注官方服务号：
客服电话：400 898 7008
官方服务号：微信搜索并关注公众号"外研社官方服务号"
外研社购书网址：https://fltrp.tmall.com

物料号：349590001

目　录

序　言

　　面对百年未有之大变局，提高人才培养质量是当前我国教育改革与发展的迫切任务。而人才培养的质量取决于两大根本支撑，其一是教师，其二就是教材。教材的重要性不仅在于它为教学提供知识内容与教学方法，而且在于它在很大程度上决定了人才培养的价值取向，即为谁培养人这一问题。在此意义上，教材成为国家事权。目前，我国教育界普遍认识到，教材必须体现党和国家意志，必须坚持马克思主义指导地位，体现马克思主义中国化要求，体现中国和中华民族风格，体现党和国家对教育的基本要求，体现国家和民族的基本价值观，体现人类文化知识积累和创新成果。

　　外语教材在我国教育体系中占有突出的重要地位。外语（英语）是唯一贯穿我国基础教育和高等教育全过程的科目，又是直接输入外国文化特别是西方文化的科目，教学内容承载着各种意识形态和价值观，影响学生时间最长、人数最多。在高等教育阶段，外语不仅是人人必修的公共课程，而且成为最大的专业类课程之一。不仅如此，外语（专业）教学较之其他科目（专业）的教学，更多地依靠教材所提供的学习材料。就教材的种类和出版的数量而言，外语教材无疑名列前茅。因此，外语教材的建设和研究应受到特别重视。

　　当前，加强外语教材研究应着眼于两个基本目标。一是把握方向，即保障外语教材正确的价值导向，服务于立德树人与培养社会主义建设者和接班人的根本教育方针。二是提高质量，即根据外语教育教学的基本规律，结合我国外语教育教学的实践经验，揭示具有中国特色的外语教材编写理论与方法，打造融通中外的外语精品教材。

　　随着全国首届教材工作会议的召开，外语教材建设和研究进入新的发展时期。中国高等教育和外语教育的提质升级对外语教材建设和研究提出了一系列重大课题：在外语教材编写中，如何全面贯彻党的教育方针，落实立德树人的根本任务？如何扎根中国大地，站稳中国立场？如何体现社会主义核心价值观？如何加强爱国主义、集体主义、社会主义教育？如何引导学生坚定道路自信、理论自信、制度自信、文化自信，成为担当民族复兴大任的时代新人？在中观和微观层面，外语教材编写如何吸收语言学、应用语言学、教育学研究的最新成果？如何提炼和继承中国外语教育教学的宝贵经验并开拓创新？如何借鉴国际外语教材编写的先进理念与方法？在全面贯彻落实《教育信息化2.0行动计划》的时代背景下，外语教材如何支持和引领混合式教学、翻转课堂乃至慕课建设？一句话，外语教材如何为培养具有国际视野、中国情怀、思辨能力和跨文化能力的国际化人才提供坚实支撑？所有这些紧迫问题，都需要中国外语教材研究者用具有中国特色的理论与实践做出回答。

在此背景下，北京外国语大学作为国家大中小学外语教材建设重点研究基地，积极促进外语教材研究成果的产出与传播。中国外语教材研究中心与外语教学与研究出版社共同策划了"外语教材研究丛书"。本套丛书一方面积极引进国外外语教材研究经典著作，一方面大力推出我国学者的原创性外语教材研究成果。我们精选引进了一批国外外语教材研究力作，包括：

——《外语教材中的文化呈现》（*Representations of the World in Language Textbooks*）

——《英语教材研发：创新设计》（*Creativity and Innovations in ELT Materials Development: Looking Beyond the Current Design*）

——《英语教材研究：内容、使用与出版》（*English Language Teaching Textbooks: Content, Consumption, Production*）

——《英语教材研究：国际视角》（*International Perspectives on Materials in ELT*）

——《英语教材与教师角色：理论与实践》（*Teaching Materials and the Roles of EFL/ESL Teachers: Practice and Theory*）

——《英语的建构：国际英语教材的文化、使用与推广》（*The Construction of English: Culture, Consumerism and Promotion in the ELT Global Coursebook*）

——《语言教学材料的真实性设计》（*Designing Authenticity into Language Learning Materials*）

"他山之石，可以攻玉"，引进的目的在于批判性地借鉴和自主创新。同时我们也推出国内学者外语教材研究的优秀成果，首批包括：

——《新形态外语教材研究》

——《中国基础外语教材研究》

——《中小学英语教材史研究》

本套丛书为开放性丛书，后续将不断更新。期待本套丛书为中国外语教材研究提供理论启迪和实践指导，最终为中国特色外语教材的编写、使用、研究做出贡献。

孙有中

2023年10月30日于北外

前　言

2023年5月29日，习近平总书记在中共中央政治局第五次集体学习时强调，建设教育强国，基点在基础教育。基础教育的高质量发展，是加快建设教育强国的重要前提。习总书记进一步指出加强教材建设和管理的重要性，教材建设需要"牢牢把握正确政治方向和价值导向，用心打造培根铸魂、启智增慧的精品教材"。教材作为国家事权，其重要性不仅体现在知识和方法的传递，同时更是人才培养价值取向的体现。国家教材委员会2020年1月7日印发的《全国大中小学教材建设规划（2019—2022年）》指出，到2022年，中小学教材建设重点是增强教材育人功能，提高社会主义核心价值观融入各学段教材的系统性。与此同时，外语教育是培养学生具备国际视野、具有全球胜任力的重要途径，也是"讲好中国故事、传播中国经验、发出中国声音，增强我国教育的国际影响力和话语权"的重要手段。因此，对基础教育外语教材的理论梳理与实践探索显得尤为重要。

国内外对于外语教材的研究已成为独立的研究领域，并积累了一定的成果。教材研究的范围涉及教材编写与设计、教材开发与出版、教材使用与评估等，这也从侧面反映出外语教材研究的重要性与必要性。我国教育界十分重视外语教材的建设与研究，研究主题涉及教材研究发展、教材编写、教材研究状况等方面。值得主意的是，一方面，大部分研究成果仍聚焦于理论讨论的层面，缺乏学理分析与实证支持，对教材的分析仍然是零散的、无系统的。另一方面，基础外语教材作为外语教学活动的重要抓手，对青少年语言知识习得和核心素养的发展具有关键意义，对青少年文化自信和文化意识的培养更是至关重要，而目前的研究仍主要聚焦于大学英语教材。

在此背景下，本书围绕教材政策、教材文本和教材使用三个主要研究领域，系统地梳理国内外基础教育相关外语教材政策文本及其演变历程，进一步开展教材内容分析以及教材使用实践探索，为我国基础教育外语教材建设提供理论支持与实践启示。具体而言，本书分为三个部分，分别为教材政策研究、教材内容研究和教材使用研究。在每个部分，编者首先对领域内相关文献与研究展开详细的梳理与述评，并基于述评内容，在之后的章节展开具体话题的分析与讨论。

本书的第一部分"教材政策研究"涵盖了对我国基础教育外语教材政策的梳理、政策历史与经验的分析、外语教材政策的国际比较研究以及针对教材政策落实情况的探究。通过梳理与分析我国外语教材政策文献，以及比较其他国家外语教材的编写、审查和选用等政策，尝试探索基础教育外语教材建设的中国模式，完善外语教材建设的学术体系。在本部分最后，编者通过对教材政策落实现状的案例式探究，深入剖析教材政策在落实过程中可能存在的问题、遇到的困难及相关影响因素，为更好地落实教材政策提供思路和参考。

本书的第二部分"教材内容研究"针对基础教育外语教材内容展开系统梳理，并以不同出版社的英语教材为例，以《义务教育英语课程标准（2022年版）》为依据，分析教材在学生文化意识培养和思维品质培养等方面的路径、作用与影响。文本作为教材呈现的最基本内容，直接决定教材质量，对教材文本的研究历来受到学界重视。第五篇论文尝试从研究主体、研究对象、研究方法、研究主题等四个方面针对基础教育教材内容研究展开系统阐述，剖析现有成果和前沿热点，尝试厘清国内外外语教材文本分析的研究现状。第六、七篇论文分别从初中和高中英语教材入手，考察不同版本教材的教材内容在学生文化意识、思维品质培养两个方面的呈现情况。

本书的第三部分"教材使用研究"针对英语教材的使用状况进行全方位、立体式的考察，并借助案例研究，探究不同情况下的英语教师教材使用情况。英语教学的发展历程，也是英语教材研究的发展历程，教材价值的发挥离不开教材的使用过程。第八篇论文对英语教材使用研究进行系统梳理，总结归纳国内英语教材使用研究在论文发表类别、研究内容、研究方法与研究结果等方面的特征，尝试探讨国内英语教材使用研究的问题与挑战，为我国外语教材体系建设和教学发展改革提供启示。第九篇论文通过质性案例研究法，探究两位中学英语教师的教材使用取向，考察影响不同教师教材使用取向的因素，为我国外语教育研究者和一线教师提供实践参考。第十、十一篇论文分别基于不同研究情境，以案例研究为途径，探究中学英语教师在同课异构和民办学校等不同教学情境下的教材使用层级转化过程，探讨教师在教学活动不同环节的教科书应用情况、教材使用策略及影响因素。

本书的内容与成果基于北京外国语大学"双一流"重大课题"全球外语教材研究与资源建设：多维视角下的大中小学外语教材研究"（课题编号：2022SYLZD014）和2021年度中国外语教材研究专项课题"外语教材政策落实研究"，并借鉴了来自教材研究工作坊受邀教材研究专家的意见。参与本书写作的课题组相关人员主要包括青年教师李明、李东玉、李琛等博士，博士研究生张琳涛、常畅、徐泽琨等同学及硕士研究生全馨、彭玉清、魏滟欢、张逸帆等同学。在此，作为主编，十分感谢课题组成员的深度参与，感谢参加教材研究工作坊专家们所提供的宝贵意见和建议，以及参研教师的合作与付出，也要特别感谢外语教学与研究出版社的领导和编辑，他们为本书的出版提供了莫大的支持与帮助。

总之，本书以英语教材为主要研究内容，通过教材政策落实分析、教材内容比较与分析、教材使用的案例式探究等方式，探讨基础教育外语教材研究现状，为中国基础教育外语教材的建设与发展提供理论探讨与实证基础。我衷心希望本书能够激发更多的研究者关注基础教育阶段的外语教材和外语教学研究。本书难免出现疏漏或有待商榷之处，恳请各方专家、读者批评指正。

杨鲁新

北京外国语大学

2023 年 10 月 7 日

第一部分　教材政策研究

1　外语教材政策研究述评

李　明ᵃ　徐泽琨ᵇ　陆茜茜ᶜ

ᵃˊᵇ北京外国语大学国际教育学院

ᶜ江苏省东海中等专业学校

提　要： 外语教材政策已经成为重要的国家战略以及实现国家核心利益的软实力，对外语教育实践发挥着决定性的作用，成为各主权国家推进外语教育战略的重要抓手。为系统梳理国内外基础外语教材政策的研究现状，本文以基础外语教育政策为基点，在对基础外语教育政策研究进行述评的前提下，对基础外语教材政策研究进行深入阐述，并指出其对我国基础外语教材建设和研究的重要启示。研究结果表明，我国的基础外语教材政策研究多散见于外语教育政策史料或年度报告中，以经验性历史回顾为主，缺乏系统性的研究；国外的基础外语教材政策研究则更多基于基础教育教材的编写、审定和选用政策，鲜有针对基础外语教材政策的专门性研究。外语教材尤其是基础外语教材政策研究依然存在较大的开拓空间。我国未来的外语教材政策研究亟须借鉴世界各国尤其是发达国家的教材政策经验，探索出适应中国国情的外语教材建设模式；形成具有中国特色的外语教材研究学术体系，增强我国在教材研究领域的国际影响力与话语权。

关键词： 基础外语教材；教材政策；述评

伴随着经济全球化、政治多极化、社会信息化和文化多元化的推进，外语在人类社会平等对话和沟通过程中扮演着愈发重要的角色。在此背景下，外语教育政策关乎国家事权，已经成为重要的国家战略以及实现国家核心利益的软实力。近年来，外语教育政策研究逐渐引发了国内外学界的关注。外语教育政策从出台到实施涉及外语教育政策制定、解读、推广、师资培养、资源整合等诸多议题，是一项复杂而系统的工程。外语教育政策对外语教育实践发挥着决定性的作用。其中，外语教材政策作为外语教育政策的重要维度，成为各主权国家推进外语教育战略的重要抓手。

1 我国基础外语教材政策研究述评

1.1 基础外语教育政策研究

自20世纪90年代以来，我国外语教育政策研究逐渐走向深入，先后经历了三个发展时期：一、起步时期（1993—2004年），该时期的研究内容与外语教育政策间接相关，尚缺乏代表性的研究成果；二、发展时期（2005—2007年），该时期学界开始了解到外语教育政策研究的价值，相关研究逐渐增多；三、加速发展时期（2008年以后），该时期涌现出了众多的代表性成果（郝成淼 2013）。通过对既有研究的系统梳理，笔者发现我国外语教育政策研究包含以下不同维度的议题：以研究视角来看，相关研究主要涉及外语教育政策与国家安全研究等宏观研究，外语考试政策、外语课程政策、外语教师教育政策、外语教材政策等微观研究（赵耀 2022）；以研究内容来看，相关研究主要涉及外语教育政策的历史、价值和对策等研究；以研究范式来看，相关研究主要涉及外语教育政策的思辨研究、实证研究；以研究涉及的教育阶段来看，相关研究主要涉及基础外语教育、高等外语教育、职业外语教育、社会外语教育等阶段的政策。其中，大部分研究往往采用历时研究方法，聚焦于不同时期或某一具体时期外语教育政策的演进和发展，梳理外语教育政策发展的历史脉络，总结外语教育政策的主要问题，以期为未来的政策制定指明方向，提出建议。例如，谢倩（2009）探讨了我国21世纪中长期外语教育政策规划的设想和思路；李瑞（2015）梳理了清末以来我国的外语教育政策与规划；张治国（2018）以语言习得规划理论为概念框架，基于《中华人民共和国重要教育文献》（1949—2008），阐明和分析新中国外语教育政策的主要内容和特点。还有部分研究关注外语教育政策与宏观的社会、政治、经济等因素的关系。例如，李娅玲（2012）和张治国（2018）分别对我国不同时期的外语教育政策进行梳理，揭示了外语教育政策与宏观社会、政治、经济因素的相互作用关系。王定华（2018）系统梳理了改革开放以来我国的外语教育政策，将之具体分为三个阶段，即改革开放初期的中国外语教育政策、20世纪末至21世纪初的中国外语教育政策以及新时代中国外语教育政策。张天伟（2021）在梳理我国外语教育政策主要发展阶段、特点和成就的基础上，就外语教育政策制定中的治理体系、战略规划、区域发展、信息化建设、新文科建设等方面指出了目前存在的主要问题。张治国（2022）依据相关外语教育政策理论，梳理了语种规划的定义、属性、分类和选择标准，并将与我国建交国家的语言划分为八个等级，为国家层面和高校层面的语种规划提供了理论依据和语种参考。此外，也有部分研究借助不同的理论视角或方法开展文献综述研究和理论探索研究。例如，沈骑（2011）将语言政策和外语教育整合在一个理论框架内进行考察，从教育政策研究的过程、内容和价值三个维度探讨外语教育政策研究的理论框架。贾连庆（2020）以中国期刊全文数据库（CNKI，又称中国知网）为数据来源，采用共词分析的可视化研究方法，梳理出外语教育政策理论及实践、全球化视角下外语教育、外语教育与国家安全、国别外语教育政策比较等我国外语教育政策研究热点。张蔚磊（2022）在回顾我国外语教育政策相关研究的基础上，依据教育政策的研究框架、教育政策信息流理论、教育政策评估理论和语言政策规划理论，构建了我国外语教育政策研究的总体模型及其子模型。现有研究表明，我国基础外语教育政策研究自2008年以来愈发受到关注。其中的热点议题包括我国外语教育政策的历史梳理、外语教育政策和其他社会宏观因素的关系、外语教育政策的具体制定，以及外语教育政策与其他研究领域之间的关联。值得注意的是，目前的基础外语教育政策研究仍大多关注宏观层面，少有研究关注教育政策的具体落实，如政策如何对教师的教、学生的学以及课堂中各要素的互动施加影响。从研究方法来看，也主要以思辨研究为主，较少采用实证研究的范式。

在我国，外语教育起始于人形成初级素养的基础性阶段，主要在小学高年级、初中和高中开展。基础外语教育具有基础性、普及性和未来性特征。外语政策对外语教育实践发挥着重要乃至决定性作用。因此，基础外语教育阶段的政策研究也引起了学界的重视。例如，樊连生（2015）对中学俄语教育政策与规划进行研究并提出对策和建议。张平（2017）将海峡两岸基础教育阶段的外语教育政策进行比较，并对大陆地区如何提高基础教育阶段外语教育水平提出建议。赵耀（2019）通过归纳和评价国内外研究中国基础外语教育政策的成果，认为中国基础外语教育政策研究主要侧重以下方面。第一，外语教育政策的历史性研究。这类研究涉及外语教育发展研究、外语课程政策研究和外语教材建设研究，研究视角和理论更接近语言教育学的历史研究，缺乏对我国外语教育面貌和政策发展的全面总结与深刻反思。第二，外语教育政策的实证性研究。此类研究多以外语使用情况调查、外语教学与测试的具体研究等问题为导向，探讨对待外语的态度、外语教师信念等"隐性"层面的语言政策，缺乏对其他场域的外语政策及政策制定者的关注。第三，外语教育政策的比较研究。此类研究多为外语教育政策的个案比较、历时比较和跨国（境）比较，文献资料扎实，但微观分析不足，且多缺乏实证调查的一手数据。第四，外语考试政策的社会属性研究。此类研究与传统的语言测试项目分析研究有了明显区分，对外语教育及考试的政策制定更有参考意义。第五，外语教育政策的思辨研究。这类研究广泛吸收人类学、政治学、管理学等学科的理论与方法，突破了以往语言学、教育学等单一学科的知识背景，弥补了以往相关研究缺乏战略性、全局性、可持续性的短板。但目前此类研究重复性操作的作品较多，对外语教育发展和政策议程的宏观把握、深入评价和科学预判的成果并不多见。我国基础外语教育政策呈现出以下特点：从开设语种来看，我国基础外语教育语种格局经历了从"单一化"向"多元化"的转变；从政策制定过程来看，我国基础外语教育规划的参与主体多而复杂，政策的延续性和科学性有待提升；从学术成果来看，我国基础外语教育政策研究仍处于起步阶段。王斐（2020）则通过对比世界各国基础外语教育政策的实施，发现西方国家在教育信息统计、政策目的解读、师资培养聘任、政策推广、学习资源开发及语言测试等方面所采取的措施，如明确外语教师选拔标准、多部门合作为教师提供培训机会、改进现行聘任制度、为教师的职后发展和职业生涯提供保障等，对我国具有重要启示。以上研究表明，我国学者不仅关注我国的基础外语教育政策，还较为关注我国与其他国家及地区的基础外语教育政策的对比研究。然而，各个国家和地区具有独特的社会、政治、经济因素，经历了不同的历史发展阶段，在具体的政策制定和执行上必须考虑本国的现实情境。

1.2 基础外语教材政策研究

教材是教师教学的主要依据，也是反映教育政策的主要载体，直接关系到党的教育方针落实和教育目标实现。教材是传播新知识、新思想、新观念的重要载体，也是深化教学改革、推进素质教育、培养创新人才的重要保证。外语教材由于贯通全学段，覆盖多语种，涉及学生人数多，对构建全员全程全方位育人格局、落实立德树人根本任务具有重要意义。同时，外语教材又具有特殊性，处于意识形态和人文交流的前沿阵地，肩负培养具有家国情怀、人文关怀、世界胸怀的国际化人才的时代重任。因此，学界较为关注外语教材建设研究。例如，毛小红（2014）以1861—1976年德语的教材建设情况反向推测了当时的德语授课内容与教学法；刘道义等（2011）分析了中小学英语教材体现的语言教育观、课程政策落实、人才培养目标的变化，并探讨了教材建设对课程政策发展的启示。相较而言，基础外语教材政策研究则多散见于外语教育政策史料或年度报告中，以经验性历史回顾为主。在基础教育领域，新一轮课程改革对外语教材编写的思想性、时代性与科学性提出了新的要求。北京外国语大学中国外语教材研究中心自2011年起持续推出"中国外语教育年度报告"系列蓝皮书，专设"基础外语教育"章节，按年度记载我国基础外语教育的事件、活动和发展情况，其中涉及小学、初中、高中英语、中小学日语、俄语教材建设和教材政策的相关内容。唐洁仪、何安平（2018）结合将学科核心素养纳入普通高中课程的顶层设计理念，尝试探讨英语学科核心素养落地在教材领域的突破口。为贯彻落实党和国家有关教材工作的重要精神，及时总结我国外语教材发展成就，充分展现我国外语教材建设的新趋势与新变化，北京外国语大学中国外语教材研究中心先后发布了《2020年中国外语教材发展报告》《2021年中国外语教材发展报告》和《2022年中国外语教材发展报告》。报告专设"中小学外语教材建设"章节，对我国中小学外语教材相关政策，以及义务教育英语、高中英语、中学多语言教材建设情况进行阶段性总结梳理，对基础外语教材建设的趋势、问题与举措进行反思。总体而言，我国的基础外语教材政策研究多基于宏观视角，强调教材建设要与党的教育方针紧密结合，体现出教材政策与宏观政策的高度相关性。未来的研究可以考虑从微观视角多角度考察我国的基础外语教材政策。

2 国外基础外语教材政策研究述评

2.1 基础外语教育政策研究

外语作为国际间语言文化交流的主要形态，在一定程度上必然体现各国的主流文化特征和核心价值取向，同时也反映出不同语言在世界地缘政治、经济、文化版图中的历史演变、空间分布及社会影响力。因此，比较分析发达国家的外语教育政策具有重要的现实意义。谢倩（2011）基于国家发展的宏观视角，阐述了欧洲近现代历史和多样化的社会语言现实，比较分析了欧洲学校外语教育低龄化和语种多样化的特点；通过对美国学校外语教育发展历史和现状的对比，以及联邦政府外语教育政策立法演变的比较分析，阐明了美国国家语言政策从强调英语中心主义的单边政策到重视多元文化的相互融合的变化；通过对澳大利亚学校外语教育发展史的梳理，阐明了澳大利亚学校外语教育政策从面向精英群体到面向全体学生的重大转变。张贞爱（2011）以韩国七次教育改革为轴线，对其外语教育政策的制约因素及其相互关系进行多维分析及评述，旨在促进我们对外语教育政策制定及其政策落实运作规律的认识。李立（2019）建构外语教育政策的理论分析框架，围绕外语教育政策的过程、内容和价值，对中国、美国、欧盟的外语教育政策进行对比分析。其中，欧盟和美国的外语教育政策具有重要的借鉴价值。在过去的几十年中，欧洲致力于建设内部一体化进程并积极推动和维护欧洲多语制，采取系列措施促进外语教育在欧洲的发展。例如，20世纪70年代，欧洲理事会出台《欧洲语言学习基本标准》（又称《语言能力量表》）；20世纪80年代末90年代初，欧盟先后推出"伊拉斯谟计划""苏格拉底计划"和"达·芬奇计划"；2001年以来，欧盟出台并修订《欧洲语言共同参考框架：学习、教学、评估》（*Common European Framework of Reference for Languages: Learning, Teaching, Assessment*），不仅对欧盟国家以及其他国家和地区制定类似的语言教育政策和标准提供了参考和借鉴，而且对全球的语言教育政策产生了深远影响。美国的外语教育政策则几乎都与美国国家安全有着密切联系。例如，为了适应美国在21世纪的国际经济与安全竞争的需要，美国政府于1996年发布了面向全美所有K-12学生的外语教育标准——《外语学习标准：为21世纪做准备》（*Standards for Foreign Languages Learning: Preparing for the 21st Century*），提出了外语学习的五大核心标准，并分别在1999年和2006年对该标准进行修订；"9·11"事件后的10年间，美国政府出台大量外语教育政策性文件，提出了重点建设保障美国国家安全需要的"关键语种"概念。上述发达国家的基础外语教育政策体现了前瞻性（如外语教育的低龄化和语种的多样化政策），并具有一定的借鉴性。然而，各个国家的基础外语教育政策受其所处的特殊宏观环境（如欧盟的一体化以及美国所需应对的21世纪的国际经济和政治环境）影响。我国的基础外语教育政策研制应充分考量环境的适应性，在理性借鉴的基础上不断寻求政策创新。

2.2 基础外语教材政策研究

在大多数情况下，美国的外语教育政策受到其国家认同以及地缘政治因素的影响（Pavlenko 2003），旨在了解和研究外国，服务于美国国家战略（肖华锋 2022）。美国的外语教育政策的具体规划权常常被下放至州政府乃至各学区，联邦政府仅仅提供宏观的行政框架。鉴于种种现实及现行政策，美国基础教育阶段的外语教材政策往往被置于宏观的教材政策下进行讨论。美国基础教育阶段教材的编写、审定和选用政策主要具有以下几个特点。第一，具有鲜明的意识形态特征。首先，教材的编写者们需要对教科书的内容来源进行严格筛查，选取那些"有利于进行思想控制和社会控制而不会产生羁绊的知识"。其次，教材内容的呈现与否表达的是教材编写者们对于相关社会团体和某些社会现象所赋予的隐含政治价值。最后，美国基础教育阶段的教材最后呈现的内容是"美国社会多方权利主体与利益集团之间的政治取向与权力分配的综合较量的结果"。第二，具有市场化特征。在教材编写、审定和选用的过程中，多方势力会相互角逐，在整个政策施行的过程中达到一种权力的动态平衡。作为市场主体的教材出版社需要满足政府的宏观政策，厘清各方利益实体的需求，最终做出最能迎合市场且能够使自己获利最大化的选择。第三，能够反映公众的多元诉求。在选取州内教材的过程中，市民团体、相关利益团体、教育专家等多方主体都能够参加。而这些团体也在一定程度上能够反映各领域或层面社会公众的教育心声。与美国不同的是，印度所采取的教材制度为"国定制"，即国家规定教育系统中教材的选取。印度的教材制度受其源远流长的历史的影响，且主要与以下几个因素相关：印度文化中把背诵和记忆当作一种成就的传统，中央集权式的考试制度，印度教师地位普遍低下且缺乏自主性，以及某些集团所施加的影响。与印度一成不变的教材制度所不同的是，日本的教材制度从明治维新开始就一直随着历史的发展而变化，经历了选用制、认可制、国定制、审定制等一系列制度（刘欣 2007）。通过考察不同国家和地区采取的教材政策和制度，不难发现，教材制度具有一定的目的性，并且主要服务于其所处社会的社会制度。每个国家教材制度的演进都呈现出不同的历史进程。

3 国内外基础外语教材政策研究启示

3.1 探索外语教材建设的中国模式

外语教材建设是一项系统性工程，涉及多个相关利益主体。在我国，国家教育主管部门主导教材建设有其必要性和必然性。国家教育主管部门在组织国家指导性、示范性教材建设的过程中，引导引进国外先进教材的工作并加大其力度，加快国外先进教材内容的消化、吸收工作进程，形成具有中国特色的、水平先进的教材体系。在国家教育主管部门的指导和支持下，我国还应注重有效发挥和调动出版社在教材建设方面的积极性，逐步建立和发挥社会中介机构在教材建设中的作用，形成全国性的教材评介和推荐机制，繁荣教材市场，满足教学需要，保证教学质量。外语教材政策是国家政策的组成部分，必然受到政治、经济和文化制度的制约。外语教材政策具有历史性，随着社会发展、教育自身发展而不断地动态发展着。世界各国虽然国情不同，但好的经验应该互相借鉴，以不断完善自己的使用制度。为了提高我国外语教材的编写和出版质量，推进我国基础外语教育课程改革，我们有必要借鉴世界各国尤其是发达国家的教材政策经验，探索出适应中国国情的外语教材建设模式。

3.2 完善外语教材研究的学术体系

根据既有研究，我国外语教育政策研究依然存在较大开拓空间。在研究数量上，相关研究成果依然不足，这说明我国外语教育政策研究还没有得到应有的重视。在研究层次上，相关研究成果感性经验有余，系统论证不足；描述介绍有余，深入探讨不足；反思批判有余，理论建构不足。这说明我国外语教育政策研究还处于起步阶段。新中国成立以来，我国外语教育政策在制定上存在盲目性和急功近利的现象，对外语教育规划和教育事业的发展产生过很大的负面影响（束定芳、华维芬 2007）。这与我国缺乏对重大外语教育政策的研究不无关系。因此，如何从理论高度建构我国外语教育政策的研究体系，应成为当前研究的重点。外语教材政策研究是外语教育政策研究的重要方面，需要顶层设计与协调发展（王文斌、柳鑫淼 2021）。我们应充分发挥国家教材建设重点研究基地的研究、指导、咨询、服务与传播功能，加强专业队伍建设、专项课题研究、数据资源建设，围绕新时代人才培养要求和外语教学发展实际需要，组织协同攻关研究，形成教材理论探索与教学实践创新紧密结合的新格局（曾天山等 2021）；通过对我国外语教材建设中亟须解决的现实问题的针对性研究、创新性探索与系统性构建，形成具有中国特色的外语教材研究学术体系，以增强我国在教材研究领域的国际影响力与话语权。

参考文献

ACTFL. 1996. *Standards for Foreign Language Learning: Preparing for the 21st Century.* http://eall.hawaii.edu/yao/2006workshops/HKWorkshop/HKworkshopWeb/5Cs.pdf (accessed 11/07/2023).

Council of Europe. 2020. *Common European Framework of Reference for Languages: Learning, Teaching, Assessment.* https://rm.coe.int/common-european-framework-of-reference-for-languages-learning-teaching/16809ea0d4 (accessed 11/07/2023).

Pavlenko, A. 2003. "Language of the enemy": Foreign language education and national identity. *International Journal of Bilingual Education and Bilingualism 6* (5): 313-331.

樊莲生，2015，我国中学俄语教育规划与政策研究。硕士学位论文。哈尔滨：哈尔滨师范大学。

郝成淼，2013，我国外语教育政策研究的概况与前瞻——基于中国期刊全文数据库的文献计量分析（1993—2012），《现代大学教育》（1）：57–64。

贾连庆，2020，我国外语教育政策研究的热点与趋势，《杭州电子科技大学学报(社会科学版)》（4）：73–78。

李立，2019，中美欧外语教育政策比较研究，《南昌师范学院学报》（4）：38–41。

李娅玲，2012，《中国外语教育政策发展研究》。北京：北京大学出版社。

刘道义、龚亚夫、张献臣，2011，我国中小学英语教材建设的历史经验及启示，《课程·教材·教法》（1）：69–75。

刘欣，2007，美国、印度、日本教科书制度发展史及其启示，《宜春学院学报》（3）：120–124。

毛小红，2014，中国德语文教育历史研究（1861—1976）。博士学位论文。上海：上海外国语大学。

沈骑，2011，全球化背景下我国外语教育政策研究框架建构，《外国语》（1）：70–77。

束定芳、华维芬，2009，中国外语教学理论研究六十年：回顾与展望，《外语教学》（6）：37–44。

唐洁仪、何安平，2018，新一轮教材修订的突破口。载王文斌、杨鲁新、徐浩（主编），《2017中国基础外语教育年度报告》。北京：外语教学与研究出版社，49–54。

王定华，2018，改革开放40年我国外语教育政策回眸，《课程·教材·教法》38
　　（12）：4–11。

王斐，2020，西方国家基础教育的外语教育政策对我国的启示，《教育语言学研
　　究》（2020）：115–122。

王寰，2021，我国复合型外语人才培养改革的政策演进研究。硕士学位论文。上
　　海：上海外国语大学。

王文斌、柳鑫淼，2021，关于我国外语教育研究与实践的若干问题，《外语与外语
　　教学》（1）：1–12。

王文斌、徐浩（主编），2021，《2020中国外语教育年度报告》。北京：外语教学
　　与研究出版社。

肖华锋，2022，美国外语教育的历史考察，《四川大学学报（哲学社会科学版）》
　　（6）：154–165。

谢倩，2011，外语教育政策的国际比较研究。硕士学位论文。上海：华东师范大学。

曾天山、苟莉、刘义国，2021，职业教育和继续教育精品教材的共同特征与建设重
　　点——基于首届国家优秀教材奖的情况分析，《课程·教材·教法》（10）：
　　33–41。

张平，2017，海峡两岸基础教育阶段外语教育政策比较，《武陵学刊》（3）：
　　126–132。

张天伟，2021，我国外语教育政策的主要问题和思考，《外语与外语教学》
　　（1）：13–20+144。

张蔚磊，2022，外语教育政策研究：理论基础与参考框架，《西安外国语大学学
　　报》30（3）：55–60。

张贞爱，2011，外语教育政策与多维制约因素分析——以韩国外语教育60年改革与
　　发展为例，《中国外语》（4）：60–63+65。

张治国，2018，1949—2008年中国外语教育政策的内容及特点分析，《语言规划
　　学研究》（2）：44–51。

张治国，2022，全球治理视域下我国外语语种规划研究，《外语教学》（4）：
　　1–7。

赵耀，2019，中国基础外语教育政策研究综述，《语言政策与语言教育》（1）：
　　108–115+120。

《中国外语教材发展报告》编写组，2021，《2020年中国外语教材发展报告》。北
　　京：外语教学与研究出版社。

《中国外语教材发展报告》编写组，2022，《2021年中国外语教材发展报告》。北京：外语教学与研究出版社。

《中国外语教材发展报告》编写组，2023，《2022年中国外语教材发展报告》。北京：外语教学与研究出版社。

2 我国基础外语教材政策历史与经验

李 明[a] 杨鲁新[b]

[a]北京外国语大学国际教育学院
[b]北京外国语大学中国外语教材研究中心/英语学院

提 要: 外语教育是社会主义教育体系的重要组成部分。伴随着基础外语教育的改革与发展,我国基础外语教材建设的方针、政策不断改革和完善,经历了探索与停滞、开放与转型、创新与发展等不同阶段。探索与停滞时期的基础外语教材政策经历初步探索,停滞荒废,总体上缺乏稳定性和前瞻性,导致基础外语教材管理进展较为缓慢。开放与转型时期的基础外语教材政策经历改革试点、转型发展,逐渐增强了人们对人的发展、语言的发展和外语教学规律的认识,引领基础外语教材管理走向规范化、综合化,实现了本土化与多样化。创新与发展时期的基础外语教材政策经历跨越发展、驱动创新和危机应对,引领基础外语教材管理走向科学化。

关键词: 基础外语教材;教材政策;政策分析;历史演进

新中国成立后,外语教育被正式纳入系统的国民教育体系,成为社会主义新型教育体系的重要组成部分。其中,基础外语教育事业经历曲折探索、开放转型,进入了繁荣发展的新时代。伴随着基础外语教育的改革与发展,我国基础外语教材建设的方针、政策不断改革和完善,经历了探索与停滞、开放与转型、创新与发展等阶段,积累了宝贵的历史经验和教训,促进了教材建设事业持续发展。

1 我国基础外语教材政策的探索与停滞(1949—1976年)

由于国家政治、经济形势的变化,新中国成立后的基础外语教育历经艰难,探索前行。该时期的基础外语教材政策经历初步探索,停滞荒废,总体上缺乏稳定性和前瞻性,导致基础外语教材管理进展较为缓慢,政治色彩浓厚。

1.1 我国基础外语教材政策的初步探索

新中国成立之初,百废待兴。由于受旧中国长期的半殖民地半封建社会思想的禁锢以及国际大环境的制约与影响,人们对外语教育在国际国内政治、经济、社会及文化发展和国民素质教育方面的作用认识尚不够全面，对外语教育的规律和特点掌握不够深入。我国外语教育事业的发展在前进中也经历了一些艰难和波折。新中国成立之初至20世纪60年代中期，我国基础外语教材政策深受政治环境影响，体现了过渡期的保守政策取向，具有明显的审慎探索特征。

1.1.1 加强外语课程设置，指导开设外语语种

为了更好地规划新中国成立初期基础外语教育工作的任务和内容，教育部先后颁布了指导全国基础外语教育工作的重要文件。其中，基础外语课程和语种设置政策是重点关注领域。新中国成立初期，教育部规定只限高中开设外国语，且重点支持开设俄语课程，初中一般不设置。1954年4月28日教育部发布的《关于从1954年秋季起中学外国语课程设置的通知》要求："从1954年秋季起初中不设外国语科；二、三年级原已授外国语科的一律停授……高中设外国语科，一、二、三年级每周授课时数均为4小时；从一年级起授俄语；个别地区如缺少俄语师资的可授英语；二、三年级原授英语的，可继续授英语，如有俄语师资而学生又愿意改授俄语并对英语教师能作妥善安置者，可改授俄语。"1956年7月10日教育部发布的《关于中学外国语科的通知》指出，"为了适应我国社会主义经济建设和文化建设的需要，必须扩大和加强中学外国语的教学……从1956年秋季起，凡英语师资条件较好的地区，从高中一年级起应增设英语课；高中二、三年级原教英语的更应该继续教下去……从1957年秋季起，初中一年级开始恢复外国语科（每周授课时数暂定四小时）"。1959年3月26日教育部发布的《关于在中学加强和开设外国语的通知》指出，"从目前中学外国语教学情况来看，从培养高级建设人才和科学研究人才来看，在初中开设外国语，在高中加强外国语教学，使学生在中学就打好一种外国语的基础，已经日益深感必要"。1962年7月30日教育部发布《对小学开设外国语课的有关问题的意见》，提出指导意见："试验新学制的五年一贯制小学的外国语课，一般在四、五年级开设为宜……个别基础较好的六年制小学如有外国语教师，也可以在五、六年级开设外国语课。"1963年7月15日教育部发布的《关于开办外国语学校的通知》指出，"我国国际交往日益扩大和社会主义建设各项事业迅速发展，迫切需要培养一批高级外国语人才。培养高级外国语人才的途径，除了要努力办好现有的外国语院系，大力加强普通中学的外国语教学，并在师资条件具备的情况下有计划有步骤地在全日制小学高年级开设外国语课以外，还有必

要有计划、有重点地开办一些从小学三年级开始学习外国语的外国语学校"。教育部决定，自1963年秋季起，除原有的北京外国语学院附属外国语学校和北京市外国语学校以外，在上海、南京、长春、广州、重庆、西安6市各新建1所外国语学校，共8校。1964年或1965年秋季，上海再增建1所外国语学校。建议湖北教育厅于1964年秋季在武汉新建1所外国语学校。两三年内共建10校。在语种设置方面，根据各地外国语师资的条件，考虑到外事和其他有关部门需要高级外国语人才的情况，教育部决定在上述10所外国语学校开设英语、俄语、法语、西班牙语、德语、日语、阿拉伯语等7个语种。

1.1.2 颁布相关政策文件，加强外语教材管理

　　教育部颁布的相关政策文件就基础外语教材的审定、出版、使用等提出明确的规定、指示和意见。例如，1952年3月18日颁发的《中学暂行规程（草案）》第十六条规定："中学所用各种课本须采用中央教育部审定或指定者。"1954年4月8日发布的《政务院关于改进和发展中学教育的指示》指出："为提高教学质量，中央教育部应根据国家过渡时期的总任务和中学教育的目的，进一步以辩证唯物论与历史唯物论的观点和理论与实际联系的方法，有计划地修订中学教学计划，修改教学大纲和教科书，并为教师编辑一套教学指导书。"教育部、出版总署1954年7月3日颁发的《关于出版中学、小学、师范学校、幼儿园课本、教材、教学参考书和工农兵妇女课本、教材的规定》要求："凡中学、中等师范学校、小学、幼儿园课本、教材，一律由国家指定的出版社出版，其他出版社不得出版，已出版者售完为止，不得再版……凡根据现行中学、小学、师范学校、幼儿园课本、教材内容和进度进行解答、注释和提供教学方法的教学参考书，一律由国营（包括地方国营）出版社出版，私营出版社不得出版……责成人民教育出版社[1]今后新编小学课本出版时，应同时出版适合该课本内容的教学指导书；出版新编中学课本时亦应尽可能同时出版该课本的教学指导书，以帮助广大中小学教师解决教学上的某些困难，提高教学质量。"1956年以后，教育部在做出加强中学外国语教学尤其是扩大和改进英语教学部署的同时，还制定了教材编写进度安排，责成人民教育出版社编辑并及时出版俄语、英语两科教材。

---

1. 新中国成立初期，我国中小学教科书实行国家统编制，即"一纲一本"式教科书政策。由于当时基本上没有教科书编辑队伍，我国于1950年12月组建专业教材出版社——人民教育出版社，开启了教科书编辑出版从照搬照抄到模仿消化再到本土化的历程。

1962年以后，为解决小学外国语课本的供应问题，教育部提出过渡时期的分类指导建议：针对新开设外国语的小学，1962年秋暂时使用现行十二年制课本初中俄语、英语第一册，1963年春使用由人民教育出版社负责供应的新编十二年制初中英语、俄语教材；针对已开设外国语的小学，1962年秋使用何种教材，由各地自行决定。教育部针对中小学外语学习在过渡衔接时期的目标具有超前性："小学两年学完新编初中课本第一册，这些学生升入初中一年级以前，可以继续学习新编初中课本第二册。中学阶段可以提前一年学完中学课本，然后再学一些补充教材，以提高程度。"（何东昌1998）

1963年以后，为了办好外国语学校，加强外国语教学工作，教育部指出必须妥善解决教材问题。外国语学校外国语教材（包括课本、教学参考资料和学生课外读物）的编写工作，决定采取分工协作的办法，即每个语种的教材由一个单位主编，有关单位协助，编出后供各外国语学校使用。1964年4月11日，教育部又出台《关于当前外国语学校几项工作的意见》，指出外国语学校教材建设工作存在的问题："目前，无论小学和初中，都处在开始学习外国语的阶段，为了打好学生的语音、语调和口语的基础，应该特别重视听、说的训练，并且使学生逐渐丰富外语语言材料。不要机械地强调四会并重，以致妨碍学生更快地打好口语基础和更多地掌握语言材料。"该意见针对该问题提出了具体的指导建议："语音、语法知识的讲授，应该以丰富的语言材料为基础，与语言材料的学习适当配合；不应该使语言材料的学习，局限于或服从于语音、语法知识的学习程序。特别是小学和初中阶段，更应该充分利用学生善于模仿、勇于开口和记忆力强等有利条件，多教一些适合他们理解程度的会话、诗歌、故事、童话、短剧……，积极发展他们的口语能力，使他们多掌握一些外语语言材料。这类教材，只要求学生理解大意，熟读，抄写和背诵其中一部分，不必作语法分析；语音、语调的训练也应逐步进行，不宜一次要求完全准确。"此外，针对"已编出的各语种的课本，有的在语言材料方面还嫌不够"，该意见建议"除由编者编出补充材料供各校教学参考外，各校也可以根据上述原则，编选适当的补充教材"。

1960年以来，教育部启动实施中小学校教学改革试验，领导十二年制学校与十年制试验学校同步发展。总体而言，改革试验取得了显著的成绩，积累了一定的经验，试验效果一年比一年好。为了继续推进改革试验，教育部1963年7月27日发布《关于坚持进行中小学校教学改革试验工作的通知》。该通知指出，"十年制试验学校，中小学都可以采用通用的原十年制教材，中学还可以参照新十二年制教材进行必要的补充和调整。有的地区或学校（小学或中学一年级）经省、市、自治区党委决定，还可以采用新编十二年制教材或者自编教材，某些学科如数学、外国语等，还可以试用外国教材"。处于改革试验阶段的基础外语教材使用体现出一定的灵活性。

1.1.3 鼓励编写俄语教材，重视研究教材问题

　　20世纪50年代初期，由于二战后国际政治、经济、安全及意识形态大格局的制约和抗美援朝的影响，以美国为首的西方资本主义世界对社会主义国家实行封锁和遏制政策，我国在政治、外交、军事等方面采取与苏联结盟的"一边倒"政策。我国向苏联全面学习，各方面急需俄语人才。然而，当时的俄语教学在一无师资、二无教材、三无资源的"三无"情况下开展。许多俄语教材已不适用，新的俄语教材亟待编写。1951年，第一次全国俄文教学工作会议在北京召开。这次会议确定了俄语教学的方针和任务，并决定成立全国俄文教学指导委员会。1952年，政务院和军委联合颁发《关于全国俄文专科学校的决定》。文件提出："教育部成立全国俄文教学指导委员会，负责研究、指导俄文教学计划与方针，并研究教材与教员之调整等问题。"委员会对俄语教学的建设做出系列规定，提出了若干建议和措施，其中包括亟须编写俄语教材，以适应当时需要。这一时期出版的俄语教材包括：北京市中等学校教材编委会（1949—1953年）编写的《初级俄语读本》，哈尔滨市教育局（1949—1953年）编写的《俄语课本》，张作宾等（1955—1956年）编写的《高级中学暂用课本俄语》1—3册，北京师范大学编写的《初级中学课本俄语》1—3册（1957—1959年）、《高级中学课本俄语》1—3册（1958—1960年），北京外国语学院（1960年）编写的《初级中学课本俄语》1—3册，人民教育出版社编写的《十年制学校初中课本俄语（试用本）》1—3册（1961—1962年）、《十年制学校高中课本俄语（试用本）》和《初级中学课本俄语》（供十二年制学校使用）1—6册（1963—1964年）。

1.1.4 调整英语教育政策，指导编写通用教材

　　由于难以组织人员编写全国统一的中学英语教材，中华人民共和国成立初期不少学校采用经修订的新中国成立前出版的中学英语课本，如林汉达编写的《初中标准英语读本》、李儒勉编写的《标准高级英文选》等。1950年《中学暂行教学计划（草案）》颁布后，一些城市开始自编中学英语教材。当时为全国各地所广为采用的教材包括上海出版的《新编初中英语》（丁秀峰

编，1951年出版）和北京出版的《高中英语读本》（北京市中等学校教材编选委员会编，1952年出版）。此后，中学英语遭受冷落，教材编写陷入停顿。1956年，教育部下达《关于中学外国语科的通知》，英语教育重新受到重视。人民教育出版社受命组织人员编写初、高中英语教材。初中英语共两册，第一册由应曼蓉编写，第二册由范瑛等编写。这两套教材是新中国成立后首批在全国通用的中学英语教材，并于1957年秋开始使用。1960年，人民教育出版社又组织上海外国语学院和北京外国语学院重新修订这套教材，但修订后的教材由于题材偏于政治运动、忽视语言的教学规律、生活常用词汇少和各册之间衔接不够等问题，于1962年停止使用。1960年10月，教育部召开全国中小学教材编审干部会议，同时成立了中小学教材编审领导小组，决定由人民教育出版社重新编写一套统一的十年制中小学英语教材。在教育部的指导下，人民教育出版社从全国各地高校聘请英语教师，编制第二套全国通用的十年制中小学英语教材，并在编写前后均征询了专家们的意见。1961年秋季教材投入使用，反响较好。1962年，第三套供十二年制学校使用的全国通用中学英语教材开始编写。其中，初中教材1963年秋季投入使用，反响很好；高中教材虽已编出，但因"文化大革命"的爆发而未能得到使用。

1.2 我国基础外语教材政策的停滞荒废

20世纪60年代中期至70年代中期，我国经历了一场声势浩大的"文化大革命"，这场运动对文化教育事业及其他社会事业的发展造成灾难性的巨大损失。新中国成立后的文化教育事业包括外语教育事业陷入停滞甚至倒退。蓬勃发展起来的外语教育遭到了严重破坏。1967年2月，中共中央先后发布了《关于小学无产阶级文化大革命的通知（草案）》和《关于中学无产阶级文化大革命的意见（供讨论和试行用）》，要求学生停止外出串联，一律返校，一边上课，一边闹革命。但复课进展极为缓慢。对此，10月中旬，中共中央、国务院、中央军委、中央文革发出《关于大、中、小学校复课闹革命的通知》，要求全国各地学校一律立即开学。《人民日报》多次发表社论阐述复课闹革命的道理，此后，全国各地中、小学有不同程度的复课。1968年"复课闹革命"后的外语教育带有浓厚的政治色彩。20世纪70年代，外语教育曾一度受到重视。1970年6月，中共中央决定撤销教育部，成立国务院科教组。直至1975年1月第四届全国人大决定恢复教育部，开始整顿教育工作。整个"文化大革命"期间，我国的基础外语教材政策几近停滞，导致外语教材面临编审、出版和发行等多重困难。在很长一段时间里大、中、小学课本供应严重不足，甚至整个班、整个学校没有教材，不少地方出现了新中国成立以来罕见的学生上课没有课本的严重现象，给教育事业带来了极大的损失。面对基础外语教材严重短缺的困境，各地相继成立中学教材编写组，编写英语教材，但编写的内容多是紧密结合政治运动或时事形势等的课文。这些教材既无明确教学目的，又无恰当的教学法理论指导，缺乏科学性、实践性。只有北京、上海和广东等省市编写的中学英语教材相对来说合理一些，因而得到较普遍的采用。直至20世纪70年代后，不少省、自治区、直辖市相继开始探索编写中学英语教材。

2 我国基础外语教材政策的改革与转型（1977—2000年）

　　"文化大革命"结束后，我国开始从拨乱反正走向改革开放，中心任务逐渐转移到经济建设上来。经济、科技、政治、社会和教育等诸方面都进入了快速发展时期，开辟了我国外语教育的新纪元。在新的形势下，我国基础外语教育经历了恢复调整、战略转变、快速发展等阶段，在正确的轨道上有序发展。该时期的基础外语教材政策经历改革试点、转型发展，逐渐增强了人们对人的发展、语言的发展和外语教学规律的认识，引领基础外语教材管理走向规范化、综合化，实现了本土化与多样化。

2.1 我国基础外语教材政策的改革试点

　　十一届三中全会的召开，标志着我国改革开放新纪元的正式开启。国家经济建设急需大批外语人才，客观上需要大力加强外语教育。我国外语教育紧跟形势发展，围绕党和国家的工作重心，在对外开放和对内改革过程中，扮演了重要角色。在外语教材建设方面，时任中共中央副主席邓小平曾指出：教材非要从中小学抓起不可；要编印通用教材，同时引进外国教材。这反映了党和国家对教材建设尤其是基础外语教材建设的高度重视。20世纪70年代中期至80年代中期，我国的基础外语教材政策注重顶层设计，强调规划引领，体现了强烈的拓新精神，具有鲜明的改革试点特征。

2.1.1 制定教材出版规划，统编基础外语教材

　　1977年9月，教育部召开全国中小学教材编写工作会议，成立各科教材编写组。1977年12月20日至28日，教育部在河北省涿县（现涿州市）联合

召开了全国教材出版发行工作会议。会议制订了各省、自治区、直辖市 1978
年度中小学教材出版计划，提出了今后一个时期教材建设的具体任务：1980
年以前编出一整套质量较高的中小学教材以及相应的教学参考书、工具书；
1985 年以前编出几套适应各种办学形式和要求，具有不同风格和特色，反映
国内外先进科学水平的新教材；力争提前完成。会议研究和讨论了中小学教
材编写出版任务的分工，提出在统筹安排下，要充分发挥中央和地方的积极
性。中小学教材由教育部负责统编，计划在 3 年内完成，其中 1978 年秋季中
小学一年级和部分课程的统编教材共 22 种，在 1978 年秋季开学前完成。暂
无统编教材的各课程，仍由地方组织力量，参照统编教材的编写大纲编写
出版。

　　1978 年 1 月 18 日，教育部颁发《全日制十年制中小学教学计划试行草
案》。在外语课课程设置方面，该草案指出："中小学要学好外语。根据现有
条件，目前可集中师资力量首先在重点中小学和一部分条件具备的中小学开
设外语课。从小学三年级起学习外语，在中学毕业时，切实打好一种外国语
的基础。语种以英、俄语为主。各地可根据需要和可能，适当规定开设英、
俄语课的比例。条件具备的地区，也可以开设其它语种的外语课。学生在中
小学学习的语种必须衔接。"此后，中小学各学科教学大纲（试行草案）制
定出台。1981 年以来，教学计划、教学要求均做了调整，人民教育出版社
也相应地修订或重编了通用教材。在外语学科方面，全国教材编写组完成
了《全日制十年制中小学英、俄语教学大纲（试行草案）》的制定和中小学
英语、俄语课本的编写，为稳定和恢复当时的外语教育秩序奠定了基础。这
些教材基本上做到了能正确处理思想教育和语言教学的关系，肃清了外语教
学中的极左思潮，按照语言教学规律编写教材，内容健康，有助于学生树立
正确的思想和培养良好的品质。在英语教材建设方面，中小学英语教材编写
组则进一步根据以上草案的精神，编写了从小学至高中的英语教材。编写组
共编印了两套英语教材，由人民教育出版社出版。一套是小学三年级至五年
级的小学英语课本（试用本），共 6 册，每学期 1 册；另一套是中学英语课本
（试用本），初中英语 6 册，每学期 1 册。高中英语 2 册，每学年 1 册。小学和
初中教材于 1978 秋开始使用。这两套试用教材比较好地处理了思想教育与
语言教学的关系，明确了英语教学的任务是使学生为社会主义现代化建设学
好英语。在语言知识教学与能力培养的关系方面，该教材重视能力的培养；
在听说与读写的关系方面，采用综合训练、阶段侧重的方法。然而，由于编

写时间仓促，这套教材存在程度偏深、内容偏难、分量偏重等问题。1982年，人民教育出版社调整原试用本的内容，降低难度，减轻分量，重新编订了《小学英语课本》1—4册、《初中英语课本》1—6册、《高中英语课本》1—6册。此外，出版社还编辑出版了与教材配套的辅助资料，包括各册课本的教学参考书、录音带和《中学生英语读物》。其他出版社也编辑出版了大量的中学英语课外读物、语法书、工具书等。

2.1.2　加强外语教育指导，部署教材编写工作

1978年8月28日至9月10日，教育部在北京召开全国外语教育座谈会。会议总结了新中国成立以来外语教育的经验教训，讨论了加强外语教育、提高外语教育水平、为实现四个现代化培养外语人才的办法和措施；同时，还就外语师资队伍建设、教材编写、电化教学、科学研究等方面的规划进行了讨论。会议提出《加强外语教育的几点意见》，建议编选出版一批相对稳定的大、中、小学外语教材，并对教材编写做了详细部署："各类通用语种的外语教材均应组织统编或委托有关院校主编，由教育部组织的外语教材编审小组审查通过。有条件的语种尚可根据不同要求和不同编写体系，编写几套教材，便于选择。每套教材力争配以唱片、录音、幻灯、电影等各种视听教材，以提高教学效果。一些过去出版的较好的外语教材，可以重印发行，以应急需。此外，可以在教学中同时选用国外教材。教育部还拟委托有关院校选定一批原版外文课外读物和教学参考书，请有关出版部门影印或经删改后排印出版，内部发行。要采取积极的措施，解决外语教材印刷出版方面的困难和问题。"1982年5月27日至6月3日，教育部在北京召开全国中学外语教育工作会议。这是新中国成立以来第一次就中学外语教育工作召开全国性会议，标志着中学外语教育走上正规化、科学化发展的道路。会议在总结历史经验的基础上，提出了《关于加强中学外语教育的意见》。该意见指出："要总结建国以来编写外语教材的经验，制订中学外语教学大纲（包括基本词汇要求），并根据中学不同的需要，动员和组织各方面力量，编写出几套符合外语教学规律、受师生欢迎的好教材。提倡和鼓励大、中学教师和社会上热心中学教育的外语专家编写外语教材、工具书、参考书和课外读物。对高质量的教材和有关读物应给予荣誉和奖励。"

2.2 我国基础外语教材政策的转型发展

1992年年初，邓小平在南方发表重要谈话，开启了改革开放的新纪元。党的十四大确立了建设社会主义市场经济体制的治国方略。社会主义市场经济体制的确立，对外语教育人才培养提出了新的要求。20世纪90年代以来，我国普及初中外语教育，开始恢复和发展小学外语教育。到20世纪末，全国小学英语开设面已达30个省、自治区、直辖市，学生人数近500万。越来越多的小学开始设置外语教育课程，外语教学方法不断完善。中小学外语教育在教材制定等方面均推出了新的举措。20世纪80年代中期至90年代末，我国的基础外语教材政策由"一纲一本"向"一纲多本"转型，体现出多样化的政策取向，具有鲜明的转型发展特征。

2.2.1 规范教材宏观管理，提升教材建设质量

在新中国成立后的很长一段时期里，我国实行"一纲一本"的教科书政策，全国使用统编教科书。伴随着教育事业的普及与提高，该政策的局限性愈发明显。1986年9月22日至28日，国家教育委员会在北京召开全国中小学教材审定委员会成立大会，这是新中国成立后第一次建立的审定中小学教材的权威机构。该机构的建立以及教材编审各项制度的确定，对我国中小学教材的改革和建设发挥了促进作用。1987年10月10日，《全国中小学教材审定委员会工作章程》颁布。该章程提出："在统一教学基本要求的前提下，有领导、有计划地实现教材的多样化，以适应不同地区的需要，建立有权威的教材审定制度，促进中小学教材质量的提高。"1987年2月10日，经全国中小学教材审定委员会审定、国家教育委员会批准的全日制中小学18个学科的教学大纲发布。此教学大纲作为九年制义务教育和新的高中教学计划、教学大纲全面实施前的过渡性教学大纲，自1987年春季开始执行。这套教学大纲为此后一个时期的教材编写与修订提供了依据。1988年8月21日，国家教育委员会发布《九年制义务教育教材编写规划方案》。该方案指出："现行中小学教材，不仅品种单一，而且在内容上已不能适应我国社会主义现代化建设和社会主义商品经济与改革、开放的需要。因此，必须根据国家教委新订的义务教育全日制小学、初级中学教学计划、教学大纲的要求，总结我国教育改革的经验，编写出适应社会主义建设需要的、符合我国国情的、质量较高的新的教材来……九年制义务教育的教材，必须在统一基本要求、统一审定的前提下，逐步实现教材的多样化，以适应各类地区、各类学校的

需要。"为加强中小学教材建设和宏观管理，做好教材的编写、审查和选用工作，国家教育委员会于1995年5月3日出台《中小学教材编写、审查和选用的规定》，指出中小学教材的编写、审查和选用应贯彻的基本方针："在统一基本要求的前提下实行多样化"。在实行中小学教材多样化方针的过程中，《全国中小学教材审定委员会工作章程》对加强教材审查工作，提高教材的质量起到了重要的作用。但随着中小学教材建设和改革的进一步发展，该章程中的一些内容已经不能适应新形势的要求。为进一步加强中小学教材建设，规范中小学教材审定委员会的工作，国家教育委员会于1996年10月30日印发了经修订的《全国中小学教材审定委员会工作章程》。

2.2.2 加强外语教育指导，部署教材编写工作

1985年5月27日，全国教育工作会议在北京召开，通过了《中共中央关于教育体制改革的决定》。该决定确定中小学教育改革的具体内容是大力实施九年义务教育。1986年，九年义务教育教学大纲的制定工作启动。1988年1月，初中英语、俄语、日语等24科教学大纲经全国中小学教材审定委员会各科教材审查委员会审查通过。1988年9月20日，国家教育委员会发布教学大纲（初审稿），供有关单位编写义务教育全日制小学、初级中学各科教材使用。根据编写教材和试教反馈回来的意见，国家教育委员会再对教学大纲（初审稿）做进一步修改，送全国中小学教材审定委员会最后审定。1992年，九年义务教育全日制初级中学英语、俄语、日语教学大纲（试用修订版）正式颁布实施。

2.2.3 贯彻"一纲多本"原则，编写多版外语教材

1986年，国家教委在大连召开全国中学外语教育改革会议，提出了《关于改革和加强中学外语教学的几点意见》，建议"分期分批地提高中学外语教学水平"。该意见指出，要在初中、高中的教学大纲中设置不同的分级要求，设置高中起始的教材，并允许发达地区根据自身的特点单独编制符合当地学生实际需要的外语教材。1986年，《全日制中学英语教学大纲》发布，提出了"遵循语言教学的基本规律、寓思想教育于语言教学之中"的教学原则，要求按照英语教学的规律来选编教材，力求语言地道，内容及编排体系有利于培养学生的听、说、读、写能力。全国各地共编印了5套中学英语教材，包括人教版（全国大部分地区使用）、上海版、广东版、山东版和四川版。其中，人民教育出版社根据大纲的要求，与英国朗文出版公司合编了初

中英语教材 *Junior English for China* 和与义务教育初中英语衔接的高中英语教材 *Senior English for China*。伴随着义务教育阶段外语课程改革的全面展开，该套英语教材于1993年在全国投入试用，社会反映使用效果较好。此外，人民教育出版社还根据国家教委《关于改革和加强中学外语教育的几点意见》精神，在当时通行的初、高中教材的基础上编辑出版了高中起始的英语教材6册。教材内容根据我国学生学英语的特点进行编排，辅以图文，利于进行直观教学。1996年2月，国家教委基础教育司发布《关于现行高中数学、英语两学科教学内容与初中义务教育课程方案衔接处理意见的通知》，强调编写高中大纲和教材的必要性。同年，国家教委颁布《全日制普通高级中学英语教学大纲（供试验用）》，减少了高中英语教材的分量。1997年6月，国家教委基础教育司召开中学外语教学座谈会。会议肯定了外语课程改革和教材建设方面所取得的可喜成果，同时也指出中学外语课程改革需要深化，教材建设需要进一步完善。

在小学英语教材编写方面，为了满足小学英语教材的迫切需要，人民教育出版社在调研的基础上编制了《小学英语教学与教材编写纲要》。编写组与新加坡太平洋公司合作编写了新的小学英语教材 *Primary English for China* 4册，于1992年投入使用，在小学英语领域产生了很大影响。1992年颁布的《九年义务教育全日制小学、初级中学课程计划（试行）》提出"有条件的小学可增设外语""小学可在高年级开设外语"后，开设外语的小学数量迅速增加。针对这种情况，国家教委于1993年出台《小学英语教学与教材编写纲要》，明确提出了小学英语教材编写和教学中应该注意的问题。1999年，教育部委托北京外国语大学陈琳教授主持国家基础教育阶段《英语课程标准》的研制。在充分调研和科学论证的基础上，外语教学与研究出版社与英国著名教育出版机构麦克米伦出版公司合作，依据课标编写并推出了"新标准英语"系列教材。这是我国第一套依据国家《英语课程标准》编写的小、初、高"一条龙"英语教材。此外，全国各地依据新课标编写的多套中小学英语教材经教育部审定后也陆续出版，极大丰富了中小学教材资源建设，促进了中小学英语教育的发展。

3 我国基础外语教材政策的跨越与创新（2001年至今）

改革开放以来，我国基础教育取得了辉煌成就，但总体水平还不高，发展不平衡。进入21世纪，基础教育面临着新的挑战，改革与发展的任务仍十分艰巨。我国的外语教育事业经历了面向国际市场的强化阶段，并迈入了服务国家"走出去"战略的新时代。我国的基础外语教育也经历了重要的转型发展和跨越发展，进入了良性发展的新阶段。2001年以来，我国启动的基础教育课程改革先后经历了"双基教学""综合能力""核心素养"三个阶段，始终都在着力解决"学用分离"这一共性问题。这也是新时代我国基础外语教育教学课程改革的关键问题。该时期的基础外语教材政策经历跨越发展、驱动创新和危机应对，引领基础外语教材管理走向科学化。

3.1 我国基础外语教材政策的跨越发展（2001—2011年）

　　2001年6月8日，全国基础教育工作会议召开。会议召开后，教育部颁布《基础教育课程改革纲要（试行）》等系列政策文件，启动了新一轮基础教育课程改革。这次改革是基础教育"面向世界、面向现代化、面向未来"改革的重大举措，对中小学外语教育产生了深远影响。这次改革实现了中小学课程从学科本位、知识本位向关注每一个学生发展的历史性转变。自21世纪初至2011年，我国的基础外语教材政策注重宏观引领、分级管理，强调课改导向，重视资源建设，体现了强烈的价值转向，具有鲜明的跨越发展特征。

3.1.1 实施教材分级管理，推进教材多样发展

　　为全面贯彻党的教育方针，大力推进基础教育的改革和健康发展，国务院于2001年5月29日颁布《关于基础教育改革与发展的决定》，对教材编写核准做出了明确规定："教材审查实行国务院教育行政部门和省级教育行政部门两级管理，实行国家基本要求指导下的教材多样化。国务院教育行政部门负责核准国家课程的教材编写，审定国家课程的教材及跨省（自治区、直辖市）使用的地方课程的教材；省级教育行政部门负责地方课程教材编写的核准和教材的审定。经国务院教育行政部门授权，省级教育行政部门可审定部分国家课程的教材……改革中小学教材指定出版的方式和单一渠道发行的体制，试行出版发行公开竞标的办法，做到'课前到书，人手一册'，制定中小学教材版式的国家标准，保证教材质量，降低教材成本和价格。"此后，实行国家基本要求指导下的教材多样化政策便成为我国基础教育教材政策改革的指导原则。

　　为进一步加强中小学教材建设，完善中小学教材编写审定的管理，提高教材编审质量，教育部于2001年6月7日颁布《中小学教材编写审定管理暂

行办法》，明确提出了中小学教材编写、审定在分级管理前提下实现教材编写高质量和特色化的指导方针。在教材编写方面，该办法"鼓励和支持有条件的单位、团体和个人编写符合中小学教学改革需要的高质量、有特色的教材"，[1]以倡导教材编写主体的多元化、教材基本属性的特色化。在教材审定方面，该办法规定，"编写教材事先须经有关教材管理部门核准，完成编写的教材须经教材审定机构审定后才能在中小学使用；教材的编写、审定，实行国务院教育行政部门和省级教育行政部门两级管理"，对中小学教材的审定提出了更高的要求。

2001年7月8日，教育部颁发《基础教育课程改革纲要（试行）》，对我国基础教育教材的开发与管理做出了总体指导。该纲要指出，要完善基础教育教材管理制度，实现教材的高质量与多样化，实行国家基本要求指导下的教材多样化政策，改革中小学教材指定出版的方式和单一渠道发行的体制，加强对教材使用的管理。

为贯彻落实《国务院关于基础教育改革与发展的决定》和《基础教育课程改革纲要（试行）》，扎实推进素质教育，加快构建符合素质教育要求的基础教育新课程体系，教育部于2001年10月17日印发《关于开展基础教育新课程实验推广工作的意见》，决定从2001年秋季开始组织基础教育新课程实验，用5年左右的时间在全国实行基础教育新课程体系。该意见指出，要"形成教材编写、审定、选用的有效机制。加强对教材编写、审查的管理，提高教材质量，促进教材的多样化；建立有教育行政人员、教研人员及校长、教师等参与的教材选用制度"。

2004年以来，为了更好地推进基础教育新课程改革实验工作，教育部相继发布相关指导意见、通知，对教材选用工作提出明确的规定和要求。在义务教育方面，义务教育新课程改革在各地全面实施，教育部持续发布义务教育课程标准实验教学用书目录，并就做好义务教育课程标准实验教材选用工作提出明确要求。例如，2005年2月2日发布的《教育部办公厅关于做好义务教育课程标准实验教材选用工作的通知》强调指出义务教育课程标准实验

---

1. 相关教材管理文件对中小学教材类型的表述存在差异性。例如，1987年颁布的《全国中小学教材审定委员会工作章程》将中小学各学科教材类型划分为：教科书、教学参考书、教学挂图、图册、音像教材、计算机辅助教学软件等；1995年颁布的《中小学教材编写、审查和选用的规定》将中小学教材类型划分为：课本、教学参考书、教学挂图和图册、音像教材、教学软件等；2001年颁布的《中小学教材编写审定管理暂行办法》重新界定了中小学教材的类型，即中小学用于课堂教学的教科书（含电子音像教材、图册），以及必要的教学辅助资料。

教材选用工作的政策导向性,"各省级教育行政部门要完整转发《书目》[1],不得删减或增加。各地应严格在《书目》范围内选用教材,不得选用《书目》以外的教材,更不得选用境外教材"。在教材选用的组织管理方面,该通知要求"地(市)教育行政部门应成立教材选用委员会,负责教材选用工作。教材选用委员会应由骨干教师、校长、学生家长代表及教育行政、教研人员组成","要加强和规范教材使用培训经费的管理"。在高中教育方面,教育部办公厅于2005年4月26日发布《教育部办公厅关于做好普通高中新课程实验教材选用工作的通知》,于2006年3月3日发布《教育部办公厅关于做好2006年普通高中新课程实验地区教材选用工作的通知》,就普通高中新课程实验教材的选用工作也提出了相关要求。

3.1.2　改革教育课程标准,拓展外语教材资源

伴随着基础教育课程改革试验在各地的有序开展,中小学外语教材建设也在同步如火如荼地进行。中小学外语教材由"一纲一本"转变为"一标多本",表现出多样化发展的态势,呈现出百花齐放的局面,极大地推进了中小学教材资源建设。在英语教材建设方面,截至2008年,经教育部中小学教材审定委员会审查通过的课程标准实验教材,小学英语有30套,由20家出版社出版;初中英语有10套,由9家出版社出版;高中英语有7套,由7家出版社出版。这些教材都是依据新的课程标准编写的,有的是由中外专家合作编写的,还有的是由我国专家编写、外国专家审定的。教师可以根据学生的需要和教学的实际灵活地、创造性地使用教材,并自主开发和利用课程资源,从而有效地实施课程标准,达到预期目标。伴随着中小学外语课程改革的逐步深入,人们关于教材及其使用观念发生了变化,鼓励学生依托作为课程资源的"教材",通过不同渠道和形式接触并学习外语,亲身感受并直接运用外语。为应对新时期全面实施素质教育的要求,深化基础教育课程改革,提高教育质量,教育部于2009年组织专家对义务教育各学科课程标准再次进行修订完善。英语课程标准修订组充分考虑了当前的社会现状、发展趋势和国家教育政策规划,针对英语学科的实际情况和问题,结合多年课程标准研制的经验和教训,用两年的时间对英语课程标准进行了修订。2011年,教育部正式发文决定印发2011年版英语课程标准,并于2012年秋季开始执行。从1999年开始起草到2011年完成修订,这一阶段英语课程标准共

---

1. 该通知中的《书目》指《2005年义务教育课程标准实验教学用书目录》。

形成了三个版本：一是2001年7月教育部发布的《全日制义务教育普通高级中学英语课程标准（实验稿）》；二是2003年教育部发布的《普通高中英语课程标准（实验）》；三是2011年英语课程标准修订组向教育部提交的《全日制义务教育英语课程标准（修订稿）》。其中，《全日制义务教育英语课程标准（修订稿）》的制定，从1999年开始起草至2011年正式发布，总共历时13年，其间经历了研制、实验、推广和修订等环节，始终在与时俱进，吸收了实验中的新发现，反映了外语教学和外语学习理论研究的最新发展和动态。全国各地教材的编写者和出版社在英语课程标准的指引下，编写或修订了大量中小学英语教材。这些教材大多体现了课程标准所提出的思想性、科学性、趣味性、灵活性等原则。通过学习教材，学生能够了解外国文化，提高文化鉴别能力，形成正确的人生观和价值观。教材的内容编排遵循了语言学习的基本规律，充分体现了不同年龄段和不同语言水平学生的学习特点和学习需要。教材中的语言素材丰富且具有时代特点，语言运用情境真实，活动设计互动性强，有助于提高学生的学习兴趣和学习动机。同时，考虑到城乡和地域差异，不少教材在内容的编排上具有一定的灵活性，便于教师根据教学需要，对其中的内容加以取舍或补充。

3.2 我国基础外语教材政策的创新驱动（2012—2019年）

伴随着基础教育课程改革的深入实施，我国基础教育教材的出版都能落实新课程标准，体现新的教育教学理念，同时又与时俱进，不断修订和完善。基础外语教材以《国家中长期教育改革和发展规划纲要（2010—2020年）》为指南，以2011版《全日制义务教育英语课程标准（修订稿）》为基本依据，坚持小学至高中整个基础教育阶段"一条龙"式的教材编写原则，坚持全人教育的思想，提高教材的普适性。自2012年至2019年，我国的基础外语教材政策注重开放发展，紧扣核心素养，强调创新导向，体现了强烈的战略转向，具有鲜明的创新驱动特征。

3.2.1 启动高中课程改革，推进教材规范建设

为贯彻党的教育方针，落实立德树人根本任务，进一步深化基础教育课程改革，教育部于2013年启动了普通高中课程方案和课程标准修订工作。2016年，"启动普通高中教材修订工作"被列入《教育部基础教育二司2016年工作要点》。2016年4月23日至24日，教育部基教二司召开了普通高中课程标准实验教材修订预备培训会。2017年，《教育部基础教育二司2017年工

作要点》指出："落实立德树人根本任务要求，把社会主义核心价值观落细、落小、落实，增强课程思想性。颁布实施新修订的普通高中课程方案和课程标准。印发新修订的小学科学课程标准。出台中小学综合实践活动课程指导纲要。启动义务教育课程修订。组织研究制订中小学课程实施监测指标。加大对地方课程的指导力度。……启动普通高中教材编写修订。建立健全工作机制，加强顶层设计和统筹协调，加强教材编修、审查专家团队建设，精心组织编写修订，将普通高中课程新要求体现在教材中。"2018年，我国开始正式实施《普通高中课程方案和语文等学科课程标准（2017年版）》，以发展学生核心素养为核心理念的新一轮课程改革开始推进。在2017年版课程标准中，外语学科包括英语、俄语、日语、法语、德语、西班牙语等六个语种，课程改革的推进对基础外语的面貌产生了重大影响。加强教材建设，尤其是开发、编写、审定切实贯彻2017年版课程标准理念的教材，是推进课程改革初期阶段的重中之重。

3.2.2 中小学英语教材建设

在高中英语教材建设方面，选材具有时代感和前瞻性，考虑到了中学学生的认知特点、学习风格、学习动机、兴趣和发展的需要。在初中英语教材建设方面，《英语》（新标准）（外语教学与研究出版社）于2012年9月以全新的面貌推广使用。《义务教育教科书英语》（上海教育出版社）于2012年9月根据2011年版新课标的理念进行了改编。新教材以"学习者为中心"为指导思想，采用"话题—功能—结构—任务"编写体系，培养学生"用英语做事"的能力。在小学英语教材建设方面，教材编委会根据英语课程标准对多种版本的英语教材都进行了修订。修订后的教材遵循2011年版新课标的要求体现出以下特点：在内容建构方面体现"以学生为主体"的理念；在结构框架上突出语言运用；整体编排上凸显语言系统性。修订后经过教育部审批通过的教材，统一命名为《义务教育教科书英语》。这些教材均与课程标准要求相一致，又各具特色。

3.2.3 中小学俄语教材建设

自改革开放以来，伴随着中小学俄语教学改革的开展，我国相继颁布了相关教学纲要、课程标准。例如，1978年，教育部正式颁布了《全日制十年制中小学俄语教学大纲（试行草案）》；1988年，国家教委颁布了《九年制义务教育全日制初级中学俄语教学大纲（初审稿）》；1996年，国家教委颁布了《全日制普通高级中学俄语教学大纲（供试验用）》；2001年7月，教育部颁布了《全日制义务教育俄语课程标准（实验稿）》；2003年4月，教育部颁布了《普通高中俄语课程标准（实验）》；2011年，教育部颁布了修订后的《义务教育俄语课程标准》。长期以来，我国承担俄语教材编写任务的是人民教育出版社俄语组。目前唯一一套全国通用的小学俄语课本是人民教育出版社俄语组于1978年编写的。根据《初中俄语课程标准》和《高中俄语课程标准》的精神，从2001年开始，人民教育出版社俄语组和俄罗斯国立普希金俄语学院着手合作编写了《义务教育课程标准实验教科书俄语》（7—9年级）和《普通高中课程标准实验教科书俄语》（必修和选修）。这套根据2011年版和2003年版课程标准编写的初中、高中俄语教材先后通过了全国中小学教材审定委员会的审查，并于2003年开始在全国开设俄语的学校进行试用。这是目前我国基础教育阶段使用的唯一一套根据2011年版和2003年版课程标准编写的俄语教材。与国外院校合作研究编写教材，这在我国中小学俄语教材编写史上尚属首次。2011年，教育部颁布了修订后的2011年版《俄语新课标》，2006年成立的人民教育出版社俄语室对2011年版《俄语新课标》的俄语教材进行了修订。

3.2.4 中小学日语教材建设

　　伴随着《普通高中日语课程标准（实验）》的出台，2004年，《日语课标（实验稿）》开始了修订工作，但一直延续到2007年4月才正式启动。与此同时，《义务教育课程标准实验教科书日语》（7—9年级）也开始了修订。2012年2月，教育部组织了各个学科教科书修订的审定会。经过修订之后，《义务教育教科书日语》（全1册7年级）获得了通过。2013年，《义务教育日语课程标准（2011年版）》的实施依然主要是伴随教材培训展开的。中学日语教材主要有两种：一是由人民教育出版社出版、教育部审定的《日语》，一是由大连教育学院和日本国际文化交流中心联合编写的作为第二外国语的日语教材《好朋友》（1—5册）。2017年，高中日语课程标准的修订工作继续不断地征求意见、打磨、修改、完善，整体推进与各学科分头工作相结合。高中日语课程标准修订组召开的会议近10次，参加各类全体会议4次。相应地，人民教育出版社高中日语教材的修订工作在进入2017年之后仍处于紧锣密鼓的推进中。2017年8月9日至10日，人民教育出版社高中日语教材编写团队与高中日语课程标准修订组的部分成员召开研讨会，通过两课的样章，深入、细致地讨论了教材修订的思路、关键点、难点。2018年1月16日，教育部下发《关于印发〈普通高中课程方案和语文等学科课程标准（2017年版）〉的通知》，《普通高中日语课程标准（2017年版）》也同步印发。2018年基础教育阶段日语教育工作主要围绕2017年版日语课标的颁布展开。2018年7月30日至31日，国家教材委员会专家工作委员会秘书处、教育部基础教育课程教材发展中心组织召开了高中教材编写指导会，国家教材委员会委员、高中日语课程标准修订组成员与教材修订团队面对面地交流了意见。2018年10月22日至25日，国家教材委员会召开了普通高中非统编教材初审会。2018年11月14日，国家教材委员会专家工作委员会秘书处、教育部基础教育课程教材发展中心组织召开了普通高中非统编教材编审会商会，审查委员会向教材修订团队通报了审查结果和上百条的具体修改建议。2019年3月，经过数年的打磨，《〈普通高中日语课程标准（2017年版）〉解读》出版。2019年6月，高中日语必修课程三册教材通过审定，同年11月，高中日语选择性必修课程两册教材通过审定。此后，基于《普通高中日语课程标准（2017年版）》的《普通高中教科书日语选择性必修》（第一册）于2020年1月出版，《普通高中教科书日语选择性必修》（第二册）于2020年3月出版。由于教材审定工作日趋规范，教育部于2019年12月10日召开了"基于课程标准的教材审查指标研制工作研讨会"第一次会议。日语教材审查指标研制组随即成立。日语组首先梳理了近年来关于日语教材的审定意见，完成了《高中日语教材修订审查意见汇总》，并根据教育部的要求，于2019年8月完成了对日本相关教材审定制度的翻译。2020年1月3日，日语组召开了第一次工作会议，根据教育部提供的《基于课程标准的中小学教材审查指标框架》展开讨论，并确定进一步完善、修改的思路和分工。2月10日，日语组向教育部提交了《教材审查指标框架日语学科三级指标、要点（第三稿）》。后因突发新冠肺炎疫情，研制工作搁置。2021年面向中学生的日语教材继续出新。《新编高中日语》由世界图书出版广东有限公司出版，面向高中零起点日语学习者。据了解，尚有不少教材正在编写之中。这些教材如何落实课程标准的要求值得关注。

3.3 我国基础外语教材政策的危机应对（2020年至今）

自2020年以来，我国基础教育继续贯彻落实习近平总书记关于教育的重要论述，通过进一步深化改革，解决重大教育问题，营造立德树人良好教育生态。在教材建设方面，我国颁布政策文件，明晰中小学教材的国家事权地位与战略意义，凸显了中小学教材以及基于教材的课程方案在教育体系中的重要性，为中小学教材编写、审定、选用提供了规范，也为教材出版单位的教材编写和出版工作指明了方向。在外语教材建设方面，我国坚持正确导向的同时紧跟时代步伐，优化内容形式，不断推陈出新。通过新编、再版、修订和转化等方式，满足新形势下的外语类课程教学需要，有效服务于国家战略和经济社会发展对人才培养的需求。我国的外语教材建设依然呈现勃勃生机。近些年我国的基础外语教材政策依然保持稳健性，并推出了若干重要创新举措。

3.3.1 完善教材制度建设，加强教材综合管理

2020年1月，教育部颁布《中小学教材管理办法》，明确中小学教材必须体现党和国家意志，全面贯彻党的教育方针，落实立德树人根本任务，要求中小学教材"凡编必审""凡选必审""管建结合"，义务教育学校不得使用境外教材。《中小学教材管理办法》还对教材的编写、审核、试用和修订做了明确规定，为中小学外语教材建设提供了实施规范与管理依据。2020年9月，教育部召开新中国成立以来首届全国教材工作会议，对全面加强新时代课程教材建设进行部署安排。同年，习近平总书记提出要"紧紧围绕立德树人根本任务，坚持正确政治方向，弘扬优良传统，推进改革创新，用心打造培根铸魂、启智增慧的精品教材"，教材工作的重要意义得到进一步强化。随着国家进一步加强对教材工作的领导，教材制度规范逐渐健全，教材审核把关有效加强。大中小学课程体系建设全面推进，相关标准规范相继出台，对教材建设提出了明确要求。在国家对教材高度重视、加强引领和提供保障的形势下，各教学与出版机构不但编写出版了种类丰富的外语教材，而且在增强教材育人功能、提升教材研究水平、优化教材使用效果、加强教材管理能力等方面取得了显著成就。

3.3.2 完善教育课程体系，推进外语教材编修

为了深入贯彻党的十九届四中全会精神和全国教育大会精神，落实立德树人根本任务，完善中小学课程体系，教育部于2020年5月印发《普通高中课程方案和语文等学科课程标准（2017年版2020年修订）》。修订版课程方案在指导思想、人才培养目标、课程类别与设置等方面均有创新发展。此外，方案基于学科本质进一步强调了学科核心素养，明确了学生学习该学科课程后应达成的正确价值观、必备品格和关键能力，以及由该学科水平的关

键表现所构成的学业质量标准，以帮助教师和学生把握教与学的深度和广度。根据《普通高中英语课程标准（2017年版2020年修订）》的要求，我国积极编修出版体现最新课程要求与教学理念的教材，如《英语》（新标准）着力培养具有中国情怀和国际视野、堪当民族复兴大任的时代新人。

参考文献

付克，1986，《中国外语教育史》。上海：上海外语教育出版社。

教育部基础教育司，2002，《走进新课程：与课程实施者对话》。北京：北京师范大学出版社。

何东昌（编），1998，《中华人民共和国重要教育文献：1949—1975》。海口：海南出版社。

何东昌（编），1998，《中华人民共和国重要教育文献：1976—1990》。海口：海南出版社。

何东昌（编），1998，《中华人民共和国重要教育文献：1991—1997》。海口：海南出版社。

何东昌（编），2003，《中华人民共和国重要教育文献：1998—2002》。海口：海南出版社。

何东昌（编），2010，《中华人民共和国重要教育文献：2003—2008》。海口：海南出版社。

李传松、许宝发，2006，《中国近现代外语教育史》。上海：上海外语教育出版社。

李宏敏、刘楠、张春波，2015，《俄语教学理论与实践创新研究》。北京：新华出版社。

李良佑、张日昇、刘犁（编著），1988，《中国英语教学史》。上海：上海外语教育出版社。

李娅玲，2012，《中国外语教育政策发展研究》。北京：北京大学出版社。

刘道义，2008，《基础外语教育发展报告（1978—2008）》。上海：上海外语教育出版社。

王定华、杨丹，2021，《人类命运的回响——中国共产党外语教育100年》。北京：外语教学与研究出版社。

王定华、曾天山，2019，《民族复兴的强音——新中国外语教育70年》。北京：外语教学与研究出版社。

王文斌、徐浩，2020，《2018中国外语教育年度报告》。北京：外语教学与研究出版社。

王文斌、徐浩，2021，《2019中国外语教育年度报告》。北京：外语教学与研究出版社。

王文斌、徐浩，2021，《2020中国外语教育年度报告》。北京：外语教学与研究出版社。

文秋芳、徐浩，2013，《2011中国外语教育年度报告》。北京：外语教学与研究出版社。

文秋芳、徐浩，2013，《2012中国外语教育年度报告》。北京：外语教学与研究出版社。

文秋芳、徐浩，2014，《2013中国外语教育年度报告》。北京：外语教学与研究出版社。

谢倩，2014，《外语教育政策国际比较研究》。武汉：华中科技大学出版社。

曾天山、王定华，2018，《改革开放的先声——中国外语教育实践探索》。北京：外语教学与研究出版社。

钟启泉，2009，一纲多本：教育民主的诉求——我国教科书政策述评，《教育发展研究》（4）：1–6。

中华人民共和国教育部，2016，关于印发《教育部基础教育二司2016年工作要点》的通知，http://www.moe.gov.cn/s78/A26/tongzhi/201602/t20160205_229504.html（2023年3月20日读取）。

《中国外语教材发展报告》编写组，2021，《2020年中国外语教材发展报告》。北京：外语教学与研究出版社。

3 外语教材政策国际比较研究

张琳涛[a]　彭玉清[b]　王江涛[c]

[a]北京外国语大学国际教育学院　[b]佛山市顺德区桂畔小学　[c]北京外国语大学中国外语与教育研究中心

提　要：近年来，我国的教材建设与管理工作已上升至国家事权。教材政策因其重要的引导性与规约性，对于影响和规范教材编写、选用和审查等建设和管理工作具有重要影响。近年来，国内研究者对世界其他国家的教材政策已有介绍，然而相关研究对外语学科的教材政策关注不足。对此，本研究采用国际比较视角，对美国、俄罗斯、英国和日本的外语教材政策进行了介绍和对比，发现四个国家基于自身国情制定和推行了具有鲜明本国政治、经济、文化特色的外语教材政策。总体而言，它们在外语教材的编写、审查和选用政策方面体现出较大的相似性，但也存在独特的差异性，这与其政治、经济制度密切相关。本研究对于我国学界拓宽外语教材政策国际视野，深度参与外语教材研究学术交流具有一定的启示意义。

关键词：基础教育；外语教材；教材政策；国际比较

1 引言

　　教材在学校教育中长期被教师奉为教学的"圣经"，是师生教学活动的基本依据，同时也是教学理论发挥功效于实践的重要中介（曾天山 1997）。因此，教材建设与管理具有重要的现实意义。我国著名教育家顾明远先生指出，广义的教材一般指课堂内外适合学生使用的教学材料，而狭义的教材就是教科书，有时特指学生用书（转引自王郢 2016）。教材政策对规范教材的科学使用和有效管理具有重要作用，相关管理制度一般涉及教材的编写、选用、审查、评价等，深刻体现了一个国家和地区教育行政管理体制的特征和深层的民族文化心理特征（曾天山 1997），因而一直备受教材研究领域研究者的高度关注（如丁曙 2001；李芒等 2021；罗春英 2010）。

　　然而，与数学、物理等学科相比（李佳 2011；武小鹏等 2019），外语学科教材管理政策受到的关注偏少（朱桂荣等 2019）。例如，武小鹏等（2019）对美国高中数学教材评估标准进行调查，发现美国国家层面的高中数学教材评估标准主要有《共同核心州立标准·高中数学出版商标准》《教学材料评价工具·高中数学》等四个标准，对保障教材质量与引导教材发展具有重要作用。李佳（2011）对中国和美国的物理教科书评价指标体系进行了系统对比，发现"多纲多本"是美国教科书制度的典型特征。美国没有全国统一的物理课程标准和教科书审查机构，不同地区和群体可基于不同评价目的，构建出层级、指标各异的物理教科书评价体系，呈现出评价主体多元、评价指标体系多样、评价方法各异等特点，应用价值明显。而我国学者构建的评价指标体系多被应用于单一版本物理教科书的评价，甚至仅停留于理论探讨层面。还有学者则将研究视野投向更多的国家和地区。例如，邓磊、廖伯琴（2010）对比了英国、美国、日本、菲律宾和中国的高中物理教科书评价指标，发现在教科书的内容分析层面各国都比较一致，但是在教学分析层面，我国有所欠缺。由此可见，对教材在编写、审查和选用方面的政策进行国际比较，能够为建立和完善我国相关学科的教材政策与制度提供新的思路与方法。然而，目前国内对于其他国家和地区的外语教材政策关注不足。关注世界其他国家外语学科教材的整体管理政策有助于扩大国内学界对于外语学科教材管理与建设工作的全球视野，有利于参与外语教材管理与研究工作的深度交流。据此，本研究采用国际比较视角，对美国、俄罗斯、英国和日本四个国家的外语教材编写、选用和审查等方面的政策规定进行介绍。这几个国家对全球教育发展起着举足轻重的作用，且具有独特的外语教材政策体系，同时也存在诸多挑战，开展相关研究或许能够为我国基础外语教育教材政策的制定与实施提供一定的借鉴和启示。

2 美国外语教材政策

2.1 美国外语教育及教材政策概述

美国外语教育史可以追溯到18世纪初的殖民地时期（周侠、谢利民2011），但其发展一直处于低迷状态。从中长时段看，美国的外语教育史可分为三个阶段，即二战前时期、冷战时期和后冷战时期（肖华锋2022）。1958年，《国防教育法》（National Defense Education Act）的通过标志着美国外语教育政策正式制定（曹湘洪、吴曦2016），美国开始重视外语课程，联邦政府在外语教育上投入大量资金编写外语教材和培养外语教师队伍。虽然外语一直被列为学校基础课程，但由于英语的国际通用语地位，外语教育在美国中小学始终没有得到足够重视。直到1994年，美国才开始将外语列为基础教育阶段的核心课程和学生的必修基础课（周侠、谢利民 2011）。在广泛调查研究的基础上，美国外语界于1996年制定了《外语学习标准：为21世纪做准备》，该标准将美国21世纪外语学习目标归纳为五个以英语字母C开头的单词（下文简称"5C标准"），即 Communication（交流）、Culture（文化）、Connections（联系）、Comparisons（比较）和 Communities（社区）（详见曹湘洪、吴曦 2016）。

　　然而，在2001年"9·11"事件发生之前，美国的外语教育没有得到足够的重视，很少有学生报名学习外语，从幼儿园到大学精心设计的外语教学大纲非常罕见。"9·11"事件之后，出于维护美国国家利益及国家安全的需要，2003年美国众议员提交了《国家安全语言法案》（National Security Language Act）。该法案强调外语教育的连续性，提出应制定从幼儿园抓起、贯穿整个正规学校教育阶段直至进入职场的外语推广计划，以大幅度增加美国"关键语种"（如阿拉伯语、汉语、俄语、印地语、波斯语等）学习者的人数（苏琪 2015）。

　　2010年，美国公布《共同核心州立标准》（Common Core State Standards），对相应学科领域K-12学生在特定年龄阶段应该掌握的知识和技能做出了明确规定，目的在于让所有的学生在高中毕业时都能为升学或就业做好准备（周琴、杨登苗 2010）。在此背景下，各州依照相关法律法规，结合当地实情制定详尽的外语能力框架或标准，为外语教材的编制、出版、审查与选用提供依据。各州教育局成立的教材审查委员会肩负着教材审查的重任，对教材内容、结构、质量等进行全程把控，并在其官网推荐符合条件的教材，同时提供详尽的教材及其他教学资源的使用建议。整体审查机制系统、科学、全面，审查过程透明，便于各学校、家长等利益相关群体实时监督和及时反馈。这些政策和措施推动了美国外语教育的发展，维护了国家核心利益，并在某种意义上凝聚了全国范围内重视外语教育的共识。

2.2 美国外语教材编写与选用政策

　　美国没有国家语言标准和强制使用的通用大纲，只有美国外语教学学会（American Council on the Teaching of Foreign Languages，ACTFL）制定的行业标准，这赋予了教材编写者较大的自由，有利于发挥他们的创造性（梁霞 2021）。1979年，美国国会通过《教育部组织法》（Department of Education Organization Act），禁止教育部干涉教材的编写和选用，相关事项主要由州政府负责和推行（周文辉、梁晓露 2022）。以加州为例，加州教育委员会（California State Board of Education）推出了《加州公立学校、幼儿园至12年级世界语言标准》（California World Languages Standards for Public Schools, Kindergarten Through Grade Twelve）、《加州公立学校、K-12外语框架》（Foreign Language Framework for California Public Schools, Kindergarten Through Grade Twelve）等多个外语教育教学标准与框架。上述标准与框架详细介绍和解释了外语学习的重要性、外语教学的培养目标以及学生应达到的外语水平，为加州地区基础教育阶段的外语教育教学工作提供了科学、系统、全面且具体的指导。

美国中小学教科书一般由民间出版社组织编写和发行，各州政府或学区的教育委员会审查认可后公布认定合格的教科书目录，供学校购买使用（赵光敏 2007：59）。目前，教科书出版主要由培生教育集团、麦格劳-希尔教育公司等专业化大型出版社承担，它们拥有经验丰富的编辑和作者群体（赵光敏 2007：59）。例如，美国的K-12汉语教材绝大多数参照5C标准，从教材内容编排上能看到5C标准影响的痕迹。其中，《欢迎》[1]这套教材特别注意让学生了解中国特色文化，将中美文化进行比较，符合"文化""比较"标准；教材设计了多种实践活动，注重模拟真实生活环境，符合"交流""社区"标准；不少教材注重内容选择，让学生在学习汉语的过程中增长知识，符合"联系"标准（罗春英 2010）。

在地方政府层面，公立学校的教材选用主要由学区管理，学区范围内的学校要根据州教材委员会的规定选用教材（周文辉、梁晓露 2022）。美国一般由州和地方政府审批及编制每一学科的教科书目录，供学校从中选择（曾天山 1997）。例如，加州教育委员会于2021年推出"世界语言教材选用计划"（World Language Adoption Schedule），列举了教材选用的标准、过程和时间节点，并广泛动员专家、教师、家长和其他社会团体共同加入教材的审查和选用工作，做到了全流程的透明化和公开化，为提高教材质量、增加教材的多样性、提高教材的实用性等提供了重要的保障。

由此可见，美国外语教材的编写与选用政策较为灵活，各地方政府与教育部门可以依据本地区的实际情况来制定编写和选用政策，更好地满足了各地学生的需求，提高了外语教材的多样性与包容性。

1.《欢迎》是一套美国K-12汉语教材，2008年6月由Cheng & Tsui公司出版，编写团队由北美学校具有丰富课堂教学经验的一线教师组成（罗春英 2010）。

2.3 美国外语教材审查政策

美国中小学教材的批准认可权由各州及其地方政府规定（曾天山 1997 ）。在审查方面，美国教材评价审查由行业组织、教育咨询机构和地方（州）教育部门三个主要机构共同承担（孔凡哲、赵欣怡 2022；翟志峰、董蓓菲 2019 ）。行业组织发布的教材评价标准主要针对教材的印刷、装帧、出版和发行等（翟志峰、董蓓菲 2019 ）。例如，由国家教材管理协会（National Association of State Textbook Administrators）推出的《教材审查通用标准框架》（Common Criteria Framework for the Vetting of Instructional Materials）从内容、公平和可得性、评价、组织和呈现、教学设计和支持共五个方面提出了具体的教材评价标准（翟志峰、董蓓菲 2019 ）。而教育咨询机构发布的教材评价标准由一些非营利性教育机构召集具有丰富教育经验和出版经验的人员研制，旨在对美国国内出版的各科教材质量进行第三方独立评价（翟志峰、董蓓菲 2019 ）。例如，美国州首席中小学教育官员理事会（Council of Chief State School Officers）和美国全国州长协会（National Governors Association）联合发布的《面向〈共同核心州立标准〉的出版商准则（修订版）》（2012）（Revised Publishers' Criteria for the Common Core State Standards）（翟志峰、董蓓菲 2019 ），对教材的内容、难度等制定了审查标准。

地方教育部门发布的教材评价标准是由州一级教育部门结合当地教育实际和课程政策发布的用于选择教材的审查标准（翟志峰、董蓓菲 2019 ）。2015年，奥巴马政府签署《每一个学生成功法案》（Every Student Succeeds Act），允许各州根据实际情况选择合适的课程标准。各州的检查工作都从教育规律角度进行，其内容包括结构、难度、顺序、学生符合度、多元文化等（曾天山 1997 ）。以加州为例，对于教材的评审标准，《加州公立学校、幼儿园至12年级世界语言标准》提出了五项标准，其中第一项最为重要，[1]即教材内容必须与列举了学生在不同年级阶段应当学会的知识、概念与技能的"世界语言内容标准"（World Language Content Standards）相一致，这些教材评价标准旨在确保教材质量，帮助教师和学生更好地实现教学目标。

由此可见，美国的外语教材审查政策具有多方参与和地方化决策的特点。多方参与带来更多视角的融合，有利于保障教材质量，而地方化决策过程也使得教材更加适应地方需求，有利于本地外语教育的健康与创新发展。

---

1. 其他四项标准为"项目组织"（program organization）、"评价"（assessment）、"获得与公平"（access and equity）和"教学计划与支持"（instructional planning and support）。

3 俄罗斯外语教材政策

3.1 俄罗斯外语教育发展概述

俄罗斯外语教育发展主要分为四个阶段：一是萌芽阶段（9世纪—17世纪80年代），外语教育发展较为缓慢，出现了具有宗教色彩的教育机构；二是发展阶段（17世纪80年代—20世纪20年代），外语教育迅速发展，国民外语学习气氛高涨；三是停滞阶段（20世纪20年代—90年代），受政治因素的影响，外语教育发展受到严重抑制；四是完善阶段（20世纪末至今），外语教育发展重获新生，迎来了新的发展时代。[1]

在萌芽阶段，俄罗斯外语教育发展比较缓慢，虽开始出现外语教育机构，但它们主要服务于宗教事务，教学内容多为宗教文本，教学对象局限于上流阶层子女或宗教人员。16世纪左右，随着外交衙门（Посольский приказ）的开设，一批新型（教会）学校在莫斯科成立，面向外国人子弟和俄国贵族青年开设拉丁语、希腊语、德语课程（王克非 2011）。同时，富人开始通过国外实践（практика за границей）方式将子女送到国外学习外语。可见，该阶段虽然出现了相关的外语教育机构，但未形成系统的外语教学体系，外语教育仍以宗教信仰为导向，且具有阶级色彩。

在发展阶段，受彼得大帝影响，国民外语学习气氛高涨，外语教育迅速发展。在该阶段初期，学习外语主要注重口语表达，而忽视语法与写作，这是由于国民雇用受教育程度较低的外国人作为家庭教师，注重听说能力，而非书面表达。随后，面向所有阶层的外语学校开始运作。例如，作为当时著名的拉丁语和希腊语学习中心的斯拉夫-希腊-拉丁语学院（Славянско-греко-латинская академия），就开设了阅读、写作和语法等课程，学校教育开始重视学习者学习外语的书面形式和能力形成。值得注意的是，受国际政治、经济和文化影响，该时期俄罗斯的语言热逐渐从拉丁语和希腊语依次更替为以德语、法语和英语为主。例如，在19世纪末，德语和法语成为传统外语课程，其课程量有所增加（雷启之 1998）。这几种语言至今在俄罗斯仍具有重要地位。总的来说，该阶段俄罗斯非常重视外语教育，中小学外语课

---

1. 9世纪时，俄罗斯民族建立的国家称为基辅罗斯。近现代史上的俄国，沙皇统治时期（1574—1917年）称为沙俄，其间1721—1917年也称作俄罗斯帝国。1917年十月革命后建立的苏维埃俄国简称苏俄。1922年苏维埃社会主义共和国联盟成立，简称苏联。1991年苏联解体。1992年4月16日，俄罗斯第六次人代会决定将国名改为俄罗斯，从而恢复了历史上的名称。本文为行文方便不做历史时期划分，以其民族名统称为俄罗斯。

程占比高，外语教学内容丰富，教学形式多样，教学方法从注重口语表达转向注重书面表达和能力导向。

在停滞阶段，由于政治因素，俄罗斯外语教育发展活力受到严重抑制，学生外语学习出现教条化、模式化倾向。一方面，受政治条件限制，学校缺乏自主权，学生外语学习须严格遵守国家制定的教学计划。在20世纪20年代末，由于"左"倾教育思潮的影响，基础教育的教学质量太差以至于难以满足社会发展所需的专业人才的培养需求。为此，苏联出台了整顿基础教育的第一个文件《关于小学和中学的决定》（简称"九五决定"，Постановление ЦК ВКП〔б〕о начальной и средней школе），该决定要求中小学各科教学大纲要有精确范围的知识，学校教育须严格依据教学大纲进行。另一方面，外语教材质量整体偏低。由于一战后具备外语能力的人员减少，大部分的外语教学材料由仍在学习外语的苏联本土专家编写，故所编写的外语教材质量较低。中小学教科书的发行与使用实行国家计划的中小学教科书国定制，基本遵守一个大纲、一套教材、一家出版社的原则（刘常华2007）。长期使用统一的教材，难以顾及地区差异和个体差异，这不利于学生的个人发展。可见，在该时期，苏联受西方外交封锁影响，对外缺乏交流与合作，对内实行高度集中的政权，学校的教育自主权受到极大挑战，外语学习需求受到极大的抑制，因而外语教育发展严重受挫，陷入停滞状态。

在完善阶段，苏联解体后，外语教育迎来了新的发展。由于中央权力下放，教育系统重新获得了相对独立的自主权。例如，自2008年起，为适应国家、社会和个人发展需求，俄罗斯逐步实施基于能力培养方法的新一代联邦州教育标准（Federal State Education Standards, FSES）。具体来讲，基于联邦层面的参考性基础教学计划，学校有权根据自身实际情况确定每门学科开设的课程种类、课程时长等。随着时代发展，世界各国经济、政治、文化联系愈发密切，俄罗斯开设的外语课程种类也愈加丰富，形式更为多样。其中，圣彼得堡国立大学是俄罗斯开设外语语种最多的高校，开设外语语种多达124种（岳强2017）。

任何一种教育制度的变革、产生和结果，既取决于以政治、经济体制为主的制度环境，也取决于以思想意识、价值观、习惯等为主的文化环境（赵红路、曲雅静2009）。受国内外背景和历史因素的影响，俄罗斯的外语教育由中央集权走向分权，地方自主权变大，外语教学逐渐走向完善，教学内容由以宗教为导向转向注重个人能力培养，教学对象由面向上流阶层子女和宗教人员转向面向所有阶层。

3.2 俄罗斯外语教材编写政策

在教材编写方面，依据联邦层面的教育标准和市场需求，地方拥有较大的自主权设计教材。苏联解体之后，俄罗斯将中央集权的统一管理改为联邦、联邦主体和地方自治，彼此独立、各负其责的三级分权管理模式（赵慧敏 2014）。在教育方面，联邦层面制定出台《普通教育国家标准》（Государственные стандарты общего образования），以及与之相对应的各级培养的示范性教育大纲。《普通教育国家标准》是俄罗斯所有的教育机构都必须强制执行的法制性要求，主要包括教学大纲的内容、人才培养要求、教学计划和学时安排等。例如，培养目标是让学习者能够与外语母语人士通过口头和书面交流形式实现相互尊重和理解。此外，基于联邦国家教育标准，各个级别的教育机构可根据自身实际发展需求调整教学计划，以提升教学质量，实现学生个人发展。1993年俄罗斯普通教育和职业教育部制定了俄罗斯第一个基础教学计划，该计划明确了俄罗斯联邦（中央）、各地区、各学校都有权编写自己的教材（丁曙 2001），这扩大了地区和学校管理课程的权力。

随后，为丰富教材种类和提升教材质量，俄罗斯教育部宣布启动教材竞争机制，要求申请者必须提供成套教材，包括教科书、教学法指导参考书、教学光盘或录像带等。俄罗斯教材编写相关政策体现了其对教材建设的重视，同时给予教材编写者更高的自由度和挑战性。这有利于激励以市场驱动为主的教材编写者更加注重结合当地的教育情况、学生身心特点和社会文化因素等进行编写，包括偏重贴近现实生活的外语教学内容、采用游戏形式的教学方式等。

3.3 俄罗斯外语教材审查政策

为保证和提升教材及教学辅助材料的质量，俄罗斯联邦教育部成立了联邦教科书科学和方法委员会（Научно-методический совет по учебникам）。这是一个常设咨询专家机构，职责主要是通过审查教材出台一份符合联邦教育标准的教科书清单以供普通教育机构选择使用。俄罗斯联邦政府2020年3月7日第243号法令修正内容规定了联邦教科书清单的形成规则，包括教科书审查的程序和时间、执行标准与评估规则、选择审查专家的程序、审查专家的权利和义务、审查意见与结果等。[1]首先，在教材审查人员选择方面，专家应以书面形式同意参与教材审查，实行亲属回避制度且避免发生个人利益冲突。值得注意的是，倘若教材内容超出专家知识范畴，可向联邦教育部提出书面申请，邀请该领域其他专家参与审查。其次，在教材审查程序方面，由教材编写者（组织）申请并递交相关的教材审查资料，俄罗斯联邦教育部审核是否符合教材审查程序要求，随后选择四名以上的专家进行审查。专家按照审查标准对教材进行分析评估，并提出意见。倘若通过，则由联邦教科书科学和方法委员会纳入联邦教科书清单，反之要求重改。最后，在教材审查标准方面，专家须分析和评估教材内容是否具有系统性和连续性，是否符合联邦国家教育标准要求，是否与俄语语言规范或礼仪相对应等，教材呈现上是否有利于培养学生能力，如批判性思维、沟通协作能力等。

由此可见，从教材审查人员的选择到整个审查流程，俄罗斯外语教材审查制度呈现出体系化、细致化特点，这既保证了教材的质量，又表明了国家对教材建设的重视与强化，以及对学习者个人能力培养的重视。

3.4 俄罗斯外语教材选用政策

学校及其教师在选用外语教材方面拥有较大自主权，可依据联邦教育标准和实际教学情况选用教学材料。2012年第273-FZ号联邦法《俄罗斯联邦教育法》第28条"教育组织的能力、权利、义务和责任"明确指出，教育机构应根据其实施的教育方案自由决定教育内容、教学方法和教育技术；此外，第47条第3款规定，教师有权根据教育机构批准的教育计划自由选择教科书和教具。[2]可见，学校及其教师在选用外语教材上具有较高的自由度，可从联邦教科书清单中选取适合的教材。

作为教学实践的主导者，教师是最了解学生学习情况的主体，也是选择教材最合适的人选。在选用教材时，学校教师应遵循以下原则。一是应注重学生知识的连贯性，做好教材在各学段间的衔接过渡。由于教材种类丰富，不同版本的教材编写者拥有自身一套系统、连贯的教材，以适应不同阶段的学习者。因此，教师在选用教材时应避免频繁更换不同版本教材，以防止出现因教材更换而产生的不良学习效果，如学生成绩退步、对外语厌烦等。二

1. 俄罗斯联邦政府2018年7月28日第884号决议"关于批准俄罗斯联邦教育部条例并承认俄罗斯联邦政府的某些行为无效"。
2. 2012年12月29日第273-FZ号联邦法《俄罗斯联邦教育法》：https://rg.ru/2012/12/30/obrazovanie-dok.html（2023年10月16日读取）。

是应选择同源或同语法结构的学习资料。俄罗斯中小学语种设置一般分为三种类型：（1）与俄语同源的语言，如波兰语；（2）与俄语具有相似语法结构的语言，如日耳曼语系等；（3）与俄语不同语系的语言，如汉语、日语等（王森 2013）。例如，加里宁格勒地区教育发展研究所（Калининградский областной институт развития образования）指出，在选择外语教材时，教师应坚持使用其中的一条主题线以确保外语教学的真实性和连续性，避免文化或语言间交流中断。可见，俄罗斯中小学外语教材选用与其语种设置理念密切相关。三是应坚持以学生为中心，遵循学生身心发展规律，注重学生综合能力培养。在选择外语教材时，须考虑以下几点：（1）教材在多大程度上能够激活学生的第一门语言的语言经验；（2）教材在多大程度上能够激发学生学习新语言和文化的兴趣；（3）教材是否与学习者在学习第一门语言期间获得的社会经验和跨文化技能相符；（4）教材文本和任务活动是否足够丰富，以便教师和学生对不同语言和文化进行比较。[1]总的来说，在外语教材选用制度方面，学校教师的自由度较高，可结合自身的教学实际和学生身心特点选择合适的外语教材，从而提升外语教学质量。

4 英国外语教材政策

4.1 英国外语教材政策概述

　　要介绍英国外语教材政策，先要对英国中小学外语教育有所了解。外语正式成为英国中小学国家课程始于《1988年教育改革法》（The Education Reform Act 1988）（易学瑾、刘宝存 2022）。英国基础教育外语语种布局基本上与欧盟成员国类似（宫同喜 2019）。外语语种的选择主要与英国对外贸易和长期的对外政策相关（Dobson 2018；McLelland 2018）。目前英国中小学主要教授法语、德语、荷兰语、西班牙语等现代外语（濮实 2020），也教授拉丁语等古典语言（Hunt 1991；McLelland 2018）（见表1）。

---

1. 加里宁格勒地区教育发展研究所，2016，加里宁格勒地区普通教育机构关于2016—2017学年"外语"科目教学的方法建议：https://www.koiro.edu.ru/centers/kafedra-gumanitarnykh-distsiplin/metodicheskaya-kopilka/inyaz.pdf（2023年10月16日读取）。

表1　英国中小学教育阶段划分及外语课程设置概览

教育阶段	关键阶段	年级	学生年龄	开设语种	外语课程性质
小学教育	1	1年级	5—6岁	古典语言（拉丁语）或现代外语（法语、德语、荷兰语、西班牙语等）	必修
		2年级	6—7岁		
	2	3年级	7—8岁		
		4年级	8—9岁		
		5年级	9—10岁		
		6年级	10—11岁		
中学教育	3	7年级	11—12岁	现代外语（法语、德语、荷兰语、西班牙语等）	必修
		8年级	12—13岁		
		9年级	13—14岁		
	4	10年级	14—15岁	现代外语（法语、德语、荷兰语、西班牙语等）	选修
		11年级	15—16岁		

　　英国国家课程将小学教育和中学教育分为四个阶段：关键阶段1、关键阶段2、关键阶段3和关键阶段4。所有5—16岁的儿童都免费享有受教育的权利。根据2014年英国教育部颁布的英国普通中等教育证书考试（General Certificate of Secondary Education，GCSE）外语科目内容，古典语言或现代外语是英国小学教育（包括关键阶段1和2）和中学教育关键阶段3必修课程，而中学教育关键阶段4（10—11年级）的外语课自2004年开始成为选修课（Holmes & Myles 2019）。由于中学教育最后阶段外语课程的选修性质，GCSE和普通教育高级证书考试（General Certificate of Education Advanced Level，A-Level）[1]中选考外语科目的人数总体呈下降趋势（濮实 2020）。

---

1. 学生需要选择8—12门普通中等教育证书的课程，通过 GCSE，并获得相应的资格证书。通过GCSE后，学生方可学习A-Level课程。

英国的教科书制度属于自由制。虽有统一的课程标准，但英国政府并没有专门针对教科书的政策，其教育管理体制对教科书编写、出版、发行、选用没有任何规定，英国中小学没有全国或全地区统一使用的教科书（杨光富 2018）。

此外，英国民间长期存在着一种"反教科书之风"（anti-textbook ethos）。很多教师和家长认为教科书会限制教师的教学，一项针对欧洲主要国家的调查（2011 TIMSS international survey）也显示，在英国，使用教科书的教师比例为10%。英国教育部学校事务大臣尼克·吉布（Nick Gibb）在出席英国出版商协会（Publishers Association）和英国教育供应商协会（British Educational Suppliers Association）2015年会时指出，英国的教育奉行学生为主的教育原则，而教科书编写以学科知识为主，如果在全校或者全国统一使用同一套教科书，则与个性化的教学原则相违背。[1]

由于没有固定的教科书，教师的自主权较大，教师不用拘泥于教科书的内容规定，可以选择与时俱进的话题和材料进行教学。教师还需要向学生推荐大量的课外材料，帮助学生进行课外学习。但没有固定的教科书也导致教师的备课工作量非常大，对教师的专业能力要求较高。另外，英国政府对外语教育本身并不重视，对外语教材自然也就不重视。外语教材的编写、审查和选用等方面也能体现英国外语教材政策的"自由"特点。

4.2 英国外语教材编写政策

虽然英国政府制定了外语学习课程标准和考试标准，但对教科书的编写和审核没有相关规定。英国外语教材编写通常受考试影响，教材编写更多是一种市场行为。

教材的编写除了要能够满足学生参加证书考试的需求外，更重要的是还要考虑国家课程标准的要求（吴书芳 2018）。教材一般会根据GCSE科目内容要求进行编写。外语教科书的提供者主要为剑桥国际教育（Cambridge International Education）、爱德思（EDexcel）、AQA考试委员会（Assessment and Qualifications Alliance）以及牛津、剑桥和RSA考试局（Oxford, Cambridge and RSA）四大考试局。教师和学生可在四大考试局的官方网站上搜索到不同语种的教科书样章。

---

1. https://www.gov.uk/government/speeches/how-to-get-more-high-quality-textbooks-into-classrooms (accessed 16/10/2023).

　　虽然英国没有统一的教科书编写要求，但教科书编写并非毫无标准。通常，英国相关协会或出版社会制定详细的教科书编写标准来规范教科书的编写。2015年11月17日，英国出版商协会与英国教育供应商协会共同发布了教材编写指南，为教材编写和出版提供了参考依据（杨光富 2018）。剑桥大学出版社曾于2016年提出了《剑桥教科书编写方案》(The Cambridge Approach to Textbooks)。该方案共包括七部分：第一部分至第五部分对方案提出的背景信息进行介绍；第六部分为方案的核心部分，详细介绍方案的使用原则；第七部分提供了一些教科书编写的实例。

　　此外，英国没有全国性的统一考试，考试由社会专业机构负责，前文提到的 GCSE 和 A-Level 考试是英国中学教育阶段最重要的两项考试。这两项考试的内容由四大考试局负责。这些专业机构会根据国家课程要求开发相应的测试。而要参加不同考试局所提供的测试，往往需要使用相对应的教科书。因此，教科书的编写往往匹配不同的证书考试。例如，英国中学汉语教学使用的教材包括爱德思编写的 *Edexcel GCSE Chinese* 和 AQA 考试委员会编写的 *AQA GCSE Chinese* 等教材（柯雯靖 2018）。学生申请不同考试局的 GCSE 证书，通常可参阅考试机构的官方网站选择相应的教科书。

4.3 英国外语教材审查与选用政策

　　英国教科书主要采用民间出版发行模式，任何机构和出版商均可参与编写教材（陈丽 2009）。英国政府对各出版社的教材也没有专门的教科书审定和认定制度（姚雪娇、武建芬 2010），而让市场决定教材的命运（吴书芳 2018），这也说明了英国教科书出版的市场导向。

　　至于外语教材选用，英国政府对各学校的教科书选用亦不做要求。教科书选用由学区或学校自行决定，通常是由学校校长和授课教师商议后决定。在英国，授课教师通常认为授课内容应基于国家课程标准的要求，教师的教学内容不应局限于某一本教科书，而是基于课程要求自行选择教科书和其他教学材料，课堂教学中教师会向学生分发当堂的授课材料。此外，英国教科书价格昂贵，英国公立学校中的课本大都是由政府免费提供。为了降低教学成本，教科书也并非人手一本，而是循环使用（杨光富 2018）。虽然这样的做法比较环保，也能减轻学生家庭的经济负担，但学生课后学习没有了可以使用的材料，家长也无从了解学生具体的学习情况。

　　综上所述，市场导向是英国外语教材政策的一大特点。英国外语教材的编写、审查、出版完全由民间考试局和出版机构完成，学校在教材的选用上拥有较大的自主权。

5 日本外语教材政策

5.1 日本外语教材政策概述

日本外语教育主要指其英语教育。20世纪80年代末，日本开始实施教育改革，并于1989年颁布了国家课程标准《学校学习指导要领》（臧佩红2010）。之后，日本文部科学省在对过去政策审视反思的基础上，明确提出日本国民应具备全球素养（global literacy），并掌握作为"全球通用语"的英语。日本政府出台了一系列改革计划来提高国民的外语素养，如《面向21世纪的教育改革方案》（Educational Reform Plan for the 21st Century）、《人力资源战略愿景》（Human Resources Strategy Vision）、《日本再次腾飞计划》（Japan! Rise Again! Plan）等。由于日本在经济、外交上与美国的关系，日本政府特别提出了下一代要具备英语交流的能力，认为这是21世纪的生存技能。特别是文部科学省2002年和2003年相继提出《培养"能使用英语的日本人"的战略构想》和《培养"能使用英语的日本人"的行动计划》，计划到2007年建立"能使用英语的日本人"培养体制（臧佩红2010）。

日本国家课程标准《学校学习指导要领》为各科目设定了整体框架和目标。2017年《小学及初中学习指导要领》第七版颁布，2019年《高中学习指导要领》颁布。小学阶段从2020年开始施行，初中从2021年开始施行，高中阶段从2022年开始施行。新修订的学习纲要更加重视外语交流基础，将外语活动提前至小学3年级开设，在5、6年级作为正式的学校课程。纲要明确细分了各学段之间的联系，同时对于学生在各学段应达到的能力要求做出了明确的规定。

5.2 日本外语教材编写政策

日本中小学外语教学主要是英语教学。日本政府不统一进行英语教科书的编写，日本小学、初中、高中90%以上的教材由民间教材发行公司组织编写与出版（李芒等2021）。教材从编写到选用，通常会经历三年左右的时间，因而只有大规模的出版社才有足够的财力支撑教材编写。教材发行公司往往倾向于选择开发相对固定学段的教材，通常只有大型发行公司发行全部学段的教材。英语教科书的编写主要由日本大型私立出版社（如东京书籍株式会社）承担。表2和表3呈现了日本小学英语教材和初中英语教材编写的出版社信息。

表2　日本小学主要英语教材基本信息
（ https://www.tokyo-kyoukasyo.co.jp/ ）

教材名称	出版社
CROWN Jr.	三省堂株式会社
NEW HORIZON Elementary	东京书籍株式会社
JUNIOR SUNSHINE	开隆堂株式会社
Here We Go!	光村图书出版
BlueSky English	新兴出版社启林馆
JUNIOR TOTAL ENGLISH	学校图书
《小学英语》	教育出版

表3　日本初中主要英语教材基本信息（改编自朱桂荣等 2019）

教材名称	出版社
NEW CROWN	三省堂株式会社
NEW HORIZON	东京书籍株式会社
SUNSHINE ENGLISH	开隆堂株式会社
Here We Go!	光村图书出版
BlueSky English	新兴出版社启林馆

　　各出版社须按照《学校学习指导要领》《小学学习指导要领》《中学学习指导要领》《教学用图书审定标准》等政策要求进行编写。编写者通常为出版社组织的大学教授和中小学教师，编写者人数为8—15人不等。教科书编写人员通常由出版社和教科书主编共同商定。编写者需要首先制订编写大纲、主题和练习，经过多方商讨后进入正式编写阶段。编写出来的外语教材

并不能直接由出版社出版发行，还需要经过文部科学省的教材审定环节。

5.3 日本外语教材审查政策

当前，日本实行教科书审核制度。1947年颁布的《学校教育法》正式规定在小学、初中和高中采用教材审定制度，并一直延续至今（李芒等 2021）。一部教材只有通过文部科学省的审核，才有可能被学校选用为教学用书。表4介绍了日本教材审定的流程。

表4 日本教材审定流程

步骤	内容		
第一步	申请		
第二步	成立教材审查委员会		
第三步	审查委员会集体审议进行决策		
	通过	有条件通过	不通过
第四步		提出修改意见	
第五步		出版社修改	
第六步		审查委员会审议	
	审定合格	审定不合格	

通常，出版社完成教科书编写后向文部科学省提交申请，将编写后的教材样稿交由文部科学省，文部科学省组织教科书专家组成教材审查委员会（通常由全职审查人员、兼职审稿人、英语母语人士组成），依照《学校学习指导要领》和《教学用书审定标准》对教科书进行审核。只有经文部科学省审定后的教科书方能为中小学所选用。审查有误的教科书需要进行修正，出版社通常有35天的时间进行修改，直到审定无误后才能进入下一个环节。日本教科书一个审定周期为四年，审定周期内教科书通常不做修订，日本文部科学省会将通过审定的教材名单在其网站公示。

5.4 日本外语教材选用政策

日本《各义务教育学校教学用图书无偿措施法》对教科书的选定权限有明确规定：公立学校的教材选用通常由当地教材委员会决定，国立、私立学校的教材选用由学校决定。

每年6—7月，日本各都道府县举办教材展览会，各出版社会将通过审定的教科书展出，供各学校选取教材。各学校将选定好的教科书名单交至文部科学省，文部科学省统计后发送给各出版社，再由各出版社向学校提供教科书，教科书选定后一般在四年内不做更换。值得一提的是，自1969年起，日本中小学教材全部由政府购买，免费向学生提供（付丽霞 2017）。

综上所述，日本外语教科书的编写过程需要多方共同协作完成：代表政府的文部科学省负责制订课程标准和教科书编写标准，以及对教科书进行审定；民间出版机构负责教科书的编写和出版；教材的最终选择权则由地方教育部门和学校来决定（见表5）。

表5　日本教科书编写、审定、选用、出版、使用流程

时间	阶段	负责机构
第一年	编写	教科书出版机构
第二年	审定	文部科学省
第三年	选用	教育委员会（公立） 校长（国立、私立）
	出版	教科书出版机构
第四年	使用	学生

6 讨论与结语

教材具有科学性与育人性、传承性与交流性、工具性与教育性等基本属性（王郢 2016），是师生教育活动的重要来源与载体。因此，教材的规范编写、合理选用和科学审查对于人才培养和教师的专业成长具有重要影响。本文采用国际比较视角，对美国、俄罗斯、英国和日本四个国家的教材编写、选用和审查制度进行了介绍。教材管理制度反映特定国家和地区教育行政管理体制的特征以及深层的民族文化心理特征。这些都是历史文化积淀和发展的产物，也是各国交流合作的必然结果（曾天山 1997）。

本研究发现，美国、俄罗斯、英国和日本四个国家基于自身国情，制定和推行了具有鲜明本国政治、经济、文化特色的外语教材政策，具有一定的相似性和差异性。首先，在编写制度方面，美国、俄罗斯和日本三国的出版社须依据国家层面的课程标准或政策把控编写教材，而英国则崇尚教材自

由，主张释放教师的创造性。其次，在审查制度方面，英国的教材选用受市场影响极大，美国、俄罗斯设立了多个审查机构，为教材审查提供多元融合视角，而日本则完全由文部科学省审查教材。最后，在选用制度方面，美国、俄罗斯和英国三个国家的地方学区或学校的自主权较大，可自由选取通过审核的教材，而日本则是由地方教材委员会决定。

具体而言，各国均尚未出台具体针对外语学科的教育教材政策，有关外语教材政策内容主要穿插于宏观教育政策中（如俄罗斯的《俄罗斯联邦教育法》《普通教育国家标准》）。在外语教材的编写方面，四个国家主要由较大规模和具有一定影响力的出版社来承担（如美国的皮尔逊教育出版公司），这些出版公司通常拥有自己的编写团队，严格依据国家、地方有关政策和课程标准进行编写（如日本的《学校学习指导要领》《中学学习指导要领》《教学用书审定标准》，美国加州的《加州公立学校、K-12外语框架》等），也会邀请具有丰富经验的一线教师参与编写。出于对利润的考量，各大出版社对于教材质量高度重视，教材的更新迭代也较为频繁。

在外语教材审查方面，四个国家各具特色。美国已形成了行业组织、教育咨询机构和地方（州）教育部三足鼎立的教材评价审查格局（孔凡哲、赵欣怡 2022；翟志峰、董蓓菲 2019），俄罗斯的外语教材由联邦教科书科学和方法委员会负责审查，而日本教材管理采用教材审定制度。值得关注的是，相较于其他三个国家，英国政府仅制定了外语学习课程标准和考试标准，对教科书的编写和审核并未做相关规定。

在外语教材的选用政策方面，四个国家的政府都给予了学校较大的自由度，教科书通常由地方政府教育部门进行推荐。例如，美国教育行政管理实行地方分权制，即各州拥有教育管辖权，联邦教育局无权干涉各州公立学校应该用什么教材等事项（王郢 2016）。同样，俄罗斯的国家性质决定自治共和国和地方具有较大的教育自主权和行政权，国家在教材方面提供政策和标准方面的指导，并给予了教学机构相对自由的自主性和能动性。英国政府对各学校的教科书选用也不做要求，教科书选用通常由学校和授课教师来决定。日本则略有不同，公立学校的教材选用通常由当地教材委员会决定，国立学校和私立学校的教材选用由学校决定。

本研究采用国际比较视角，对美国、俄罗斯、英国和日本的外语教材政策进行了介绍，对比发现四个国家在外语教材政策方面体现出较大的相似性与独特性，这与它们自身的政治、经济、文化制度密不可分。本研究对于国内学界拓宽外语教育教材政策国际视野，深度参与外语教材研究学术交流具有一定的启示意义。结合我国当前教育体制及系统运作来看，首先，在外语教材的编写和选用方面，我国应适应时代需求，加强和完善对外语课程标准的设计，组建高水平的编写团队编写教材，并制定严格的政策规范和操作指南。在教材选用方面，各地方教育部门应结合自身经济水平和发展现状来为学校推荐和提供适合的外语教材，努力做到决策透明化，保障公平性，减少地区差异。在教材审查方面，我国应制定更加清晰明确的审查标准，进一步组建专业化团队对外语教材的内容、结构、难易度等进行系统评估，保障教材的整体质量，促进外语教育的蓬勃发展。

参考文献

Dobson, A. 2018. Towards 'MFL for all' in England: A historical perspective. *The Language Learning Journal 46* (1): 71-85.

Holmes, B. & F. Myles. 2019. White Paper: Primary Languages Policy in England–The Way Forward. RiPL: www.ripl.uk/policy/, https://assets. publishing.service.gov.uk/government/uploads/system/uploads/attachment_ data/file/1076402/FGS_subject_content_09_05_2022.pdf (accessed 15/10/2022).

Hunt, T. 1991. *Teaching and Learning Latin in Thirteenth Century England.* Cambridge: Brewer.

McLelland, N. 2018. The history of language learning and teaching in Britain. *The Language Learning Journal 46* (1): 6-16.

MEXT-authorized English textbooks: The writing and screening of a Japanese high school text series: https://hosted.jalt.org/pansig/2007/HTML/ Langham.htm#:~:text=I%20n%20Japan%2C%20only%20textbooks%20 approved%20by%20MEXT,improvements%20in%20quality%2C%20 but%20still%20have%20serious%20shortcomings(accessed 15/10/2022).

Miyuki, S. 2008. The 150-year history of English language assessment in Japanese education. *Language Testing 25* (1): 63-83.

Yoshida, T. 2020. English education reform, teacher education, and the Tokyo Olympics: Perfect timing? In A. Tsui (ed.) *English Language Teaching and Teacher Education in East Asia Global Challenges and Local Responses.*

Cambridge: Cambridge University Press.135-157.

曹湘洪、吴曦，2016，美国外语教育政策演变对我国的启示，《新疆社会科学》（6）：144–149。

陈丽，2009，世界主要国家教科书制度比较研究，《四川教育学院学报》（8）：1–3。

邓磊、廖伯琴，2010，基于国际比较的我国高中物理教科书评价指标体系的建构研究，《教育学报》（3）：66–73。

丁曙，2001，俄罗斯基础教育教材改革评介，《课程·教材·教法》（10）：71–73。

付丽霞，2017，日本教科书法定许可补偿金标准述评，《编辑之友》（11）：108–112。

宫同喜，2019，欧盟中小学外语教育语种布局与逻辑，《语言政策与语言教育》（1）：52–59+118。

黄丽燕、李文郁，2014，英国基础教育2014年国家课程计划述评，《课程·教材·教法》（9）：114–119。

孔凡哲、赵欣怡，2022，美国密西西比州高质量教材数学审查量规的构建及启示，《教育参考》（5）：47–54。

雷启之，1998，俄罗斯中小学外语课程开设的历史沿革及现状（上），《学科教育》（10）：49–50。

李佳，2011，中美物理教科书评价指标体系比较研究，《课程·教材·教法》（9）：99–103+109。

李芒、孙立会、村上隆一，2021，日本中小学教材建设管理体系及其发展趋势，《比较教育研究》（8）：30–39。

李欣，2017，英国的现代外语教育：发展与挑战，《语言政策与语言教育》（1）：19–29+126。

梁霞，2021，检视与前瞻——美国中文教材编写再探，《国际中文教育（中英文）》（4）：52–60。

刘常华，2007，俄罗斯教科书制度概观，《课程·教材·教法》（10）：93–96。

刘学智、张祎、王馨若，2018，美国田纳西州教材审定制度研究，《比较教育研究》（11）：74–80。

罗春英，2010，美国K-12汉语教材现状及特点分析，《外国中小学教育》（11）：58–62。

罗春英、张燕军，2011，从"文化传承学校法案"看加州K-12外语教育战略演变，《外国中小学教育》（6）：44–49。

罗辉，2018，从国防安全到全球视野：二战后美国外语教育政策的演变路径及启示，《外语研究》（2）：54–59。

濮实，2020，英国基础阶段外语课程改革的政策与问题：外语教育的"科学性"视角，《外语教育研究前沿》（4）：11–17。

苏琪，2015，美国外语政策对我国外语规划的启示，《民族教育研究》（5）：130–134。

王克非，2011，外语教育政策与社会经济发展，《外语界》（1）：2–7。

王萌萌，2021，《欧洲语言共同参考框架》下的中小学外语教育改革——以英国、芬兰、西班牙为例，《外国教育研究》（6）：80–92。

王森，2013，俄罗斯外语教育政策与外语教学变革，《比较教育研究》（10）：85–91。

王向红、康长运，2010，日本教科书制度的现状、问题与发展趋势，《外国教育研究》（2）：53–56。

王郢，2016，《教材研究导论》。北京：人民教育出版社。

吴书芳，2018，英国基础教育教材制度特点及启示，《教学与管理》（7）：81–83。

武小鹏、孔企平、张怡，2019，美国高中数学教材评估标准的框架、立场与启示，《外国教育研究》（10）：71–85。

肖华锋，2022，美国外语教育的历史考察，《四川大学学报（哲学社会科学版）》（6）：154–165。

杨光富，2018，英国中小学教科书的使用现状及改进举措，《外国教育研究》（4）：82–92。

姚雪姣、武建芬，2010，从教科书制度看基础教育教师专业自主权——基于美、日、英三国教科书制度的比较，《现代教育论丛》（7）：33–36。

岳强，2017，当代俄罗斯语言教育政策概况，《西伯利亚研究》（5）：51–55。

翟志峰、董蓓菲，2019，美国教材评价标准的指标和方法——以《优质教材工具》为例，《全球教育展望》（5）：91–104。

赵红路、曲雅静，2009，俄罗斯教育制度的演变，《现代教育科学》（1）：23–26。

赵慧敏，2014，《俄罗斯高等教育管理体制现代化研究》。硕士学位论文。哈尔滨：黑龙江大学。

臧佩红，2010，《日本近现代教育史》。北京：世界知识出版社。

曾天山，1997，《教材论》。南昌：江西教育出版社。

周琴、杨登苗，2010，为升学和就业做准备：美国"共同核心州立标准"述评，《比较教育研究》（12）：13-17。

周侠、谢利民，2011，美国中小学外语课程改革经验及其启示，《外国中小学教育》（1）：32-36。

周文辉、梁晓露，2022，美国研究生教材编写、选用及质量保障，《中国高教研究》（9）：95-101。

朱桂荣、费晓东、徐一平，2019，外语教育改革背景下日本初中英语教材育人观的体现研究，《外语教育研究前沿》（3）：28-35。

赵光敏，2007，美国中小学教材的出版与选用，《上海教育科研》（10）：59-61。

4 教材政策落实现状个案研究

李东玉[a] 全 馨[b]

[a]北京外国语大学中国外语教材研究中心/英语学院
[b]无锡市东林古运河小学

提 要： 国家为规范教材体系建设、实现立德树人教育目标颁布了一系列教材政策，强调落实重大主题教育，融入社会主义核心价值观。当前，教材政策的内容与一线教师落实情况之间存在一定的落差：教师倾向于采用补充或调整教学内容的方式使用教材，注重学生核心素养培养；教材政策落实困难主要表现在教师的专业素养（教学内容整合、教学活动设计、核心素养融合）、学生的素质水平（学习基础、学习能力、学习动机）以及资源与支持（培训主体、培训内容）这三个方面。究其原因，教师求学经历、工作发展经历、专业提升经历，教材编写风格和编写内容，学生成长背景和家庭社会经济地位，学校教学计划和教学目标等因素都会影响教材政策落实。因此，为落实教材政策，提高课堂教学质量，教材内容选择应立足需要，贴近生活；教学计划制定须遵循过程导向，服务教学；教师培训开展应规范市场，优化质量。

关键词： 教材政策落实；教材；个案研究

1 引言

教材是传播国家意识形态和特定类型知识的课程实物、教师教学的指南和学生掌握知识的基本材料，是实现国家教育目标、辅助教师教学和学生学习的有效工具，是大中小学教育教学活动的核心载体。教材建设已被列入国家顶层规划。为了实现教育目标，达成教材体系的规范建设，国家颁布了一系列教材政策。党的十八大以来，党中央、国务院高度重视大中小学教材建设，提出了明确要求，必须强化党对教材工作的领导，加强大中小学教材建设整体规划，全面提高教材质量，切实发挥教材育人功能。教材建设是人才培养的重要环节，受到价值信念导向等多重因素的影响（薛二勇、李健2022），是教材治理体系和治理能力现代化的重要体现。

2016年5月17日，习近平总书记在哲学社会科学工作座谈会上指出："培养出好的哲学社会科学有用之才，就要有好的教材……要抓好教材体系建设，形成适应中国特色社会主义发展要求、立足国际学术前沿、门类齐全的哲学社会科学教材体系。"2019年12月16日教育部印发的《中小学教材管理办法》在第一章"总则"中提到，要全面贯彻党的教育方针，落实立德树人根本任务，扎根中国大地，站稳中国立场，充分体现社会主义核心价值观，加强爱国主义、集体主义、社会主义教育，引导学生坚定道路自信、理论自信、制度自信、文化自信，成为担当中华民族复兴大任的时代新人。2020年1月7日国家教材委员会印发的《全国大中小学教材建设规划（2019—2022年）》指出，到2022年，中小学教材建设重点是增强教材育人功能，提高社会主义核心价值观融入各学段教材的系统性。要落实重大主题教育进中小学课程教材，进一步增强课程教材育人功能，引导学生厚植文化底蕴、传承红色基因、打好中国底色、强化国家意识、增强"四个自信"。

教材政策适应了时代发展的要求，提出了先进的教育理念。为落实教材政策，指导普通高中课程改革的实践，教育部印发了《普通高中英语课程标准（2017年版2020年修订）》这一纲领性教学文件，其中明确提出："我国普通高中教育是在义务教育基础上进一步提高国民素质、面向大众的基础教育，任务是促进学生全面而有个性的发展，为学生适应社会生活、高等教育和职业发展作准备，为学生的终身发展奠定基础。"此外，普通高中英语课程是高中阶段全面贯彻党的教育方针、落实立德树人根本任务、发展英语学科核心素养、培养社会主义建设者和接班人的基础文化课程。课程标准中凝练了学科核心素养，明确了学生学习该学科课程后应达成的正确价值观、必备品格和关键能力，对知识与技能、过程与方法、情感态度价值观三维目标进行了整合，强调对学生语言能力、文化意识、思维品质和学习能力的综合培养。

教材政策是国家意志在教育领域的直接体现（郝志军2020），是教材建设的规范准则。教材建设对于人才培养的具体要求通过课程标准得到反映，而教师则通过对标课程标准，在一线课堂的教材使用中运用策略来落实教材政策，培养外语人才。由此，教材政策落实的关键在于教材建设，教材建设的纲领性文件应为各科课程标准，且贯彻课程标准的一线教师才是决定性力量。

2 文献综述

2.1 教材政策

教材政策是指"国家和政府在一定区域内、一定时期内，为实现教育目标对教材的编纂、审查、出版、发行、选用按照一定的程序制定的规范准则"（崔珂琰 2017：12），它既以国家政府机关颁布的教材政策文件为主要表现形式，又内含于教育法律法规、教学大纲、课程标准、教材管理机构的工作条例、细则、领导人的讲话与重要指示中。教材政策是政府及有关部门在相关教育发展战略目标的指引下所制定的有关教材编写、审查、出版、发行、选用和使用等一系列政策。中国共产党自从成立以来，高度重视教材管理和建设，教材的管理经历了起步奠基、初创调整、停滞倒退、恢复重建、多样化探索、逐步完善、科学发展七个阶段（许航、孙绵涛 2021）。在中国共产党的领导下，教材政策目标经历了从"教材大国"向"教材强国"的转化，教材质量不断提高；政策主体从"一体集中"向"多元参与"转化，吸收多元力量参与教材建设；政策路径由"国定统一"向"多样创生"转变；政策内涵由"全面普及"向"高质优化"迈进（张美静 2021）。

2.2 教材政策的制定

教材政策的制定与国家的政治、经济发展有着密切的联系。我国中小学教材政策的制定逐步确立了相应的责任主体，加强了对教材的监管，使其向规范化发展。新中国成立至今我国中小学教材建设经历了规整摸索、停滞倒退、恢复重建、初步探索、健全体系和创新发展六个阶段，最开始的教材建设实行"一纲一本、编审合一、高度统一"的集权政策，由人民教育出版社根据国家制定的教学计划和教学大纲编写教材（靳玉乐、王洪席 2012）。目前我国中小学教材实行的是教材审定制度，由教育行政部门选用和监测教材（付宜红 2020）。

具体来看，1951年3月，《普通中学（各科）课程标准（草案）》规范了中学课程的发展方向和基本框架，在确定编写主体方面，编写的基本组织逐步成立和完善；1958年10月，《根据党的教育方针来改革教材》扩充了编写教材的主体；1960年，中小学教材编审领导小组成立，成为教材的编写基本组织，为教材的编写提供了质量保证；1983年，中小学教材办公室的成立标志着基础教育教材管理权由国家掌握，体现了国家对教材编写质量的重视；

1985年颁发的《关于教育体制改革的决定》，建议建立教材审定制度；1986年，全国中小学教材审定委员会及各学科教材审查委员会成立，进一步加强了对教材的管理和监督；2001年，《基础教育课程改革纲要（试行）》提出国家要实行国家、地方、学校三级课程管理的模式，明确了地方对教材管理的职责界限；2006年，新修订的《中华人民共和国义务教育法》把教科书审定制以法律形式确定下来；2014年，教育部将国家教材小组更名为教育部课程教材工作领导小组，体现了国家对教材建设的重视，在加强教材监管方面，教材管理权限从地方转移至国家手中，并成立了专业的委员会，设立了法律机制全方位监管教材的编写和审定；2016年，《关于组织开展中小学教材全面调查的通知》进一步加强了对教材的监督和评价机制。张杰（2009）研究了新课程背景下教材实施的问题后发现，新课程改革中存在教材编写的理念难以充分贯彻，教材内容体系编排尚不科学等问题。中小学教材的建设仍需社会广泛资源的参与，提高对教材研究的重视程度（石鸥、张文2018）。

外语教材政策的制定是国家大政方针的重要组成部分，不仅关系到国家政治、经济的发展，而且影响国民的民族认同感，是一个国家文化软实力的体现。当前，对于外语教材政策的落实相关研究多为理论思辨研究，而实证研究，尤其是对深入一线教学课堂，深度访谈教师教材政策落实过程中教材使用现状、遇到的困难及相关影响因素的质性研究却明显不足，这也导致教材政策的颁布与一线教师课堂教材使用的现状存在一定的落差，教材政策及现行课标难以有效指导实践。鉴于此，本研究旨在回答以下问题：

（1）高中英语教师使用教材时教材政策的落实情况如何？

（2）影响参研英语教师落实教材政策的因素有哪些？

3　研究方法

本研究采用质性个案研究方法。三名高中英语女教师自愿参加本研究，她们来自北京市的三所学校，主要担任高二、高三年级的英语教学工作。出于隐私和尊重的考虑，本研究隐去教师的真实姓名，用甘雨、李丽、王慧代替，也隐去学校的真实名称，用华一中学、方兰中学、八一中学代替（见表1）。本研究所选取的这三名高中英语女教师教龄都在20年以上，属于经验教师范畴，对于教材的接触和理解都经历了较长的时间。三位教师所教授的学生的情况基本相同，三位教师都于中学任职，使用同一出版社出版的外语教材，学生的年龄水平和知识结构基本相似。同时，学生情况的差异性体现在学生的个体独特性，这也成为本研究的意义之一。研究对象的选取缘由有以下三个方面：第一，学生家庭背景各异，成绩水平不一，一定程度上保障了教师使用教材场景的丰富性；第二，教师教育经验和专业背景也存在一定的共性和个性，既能反映我国教育实践的普遍现实，又能探究教师专业发展背景对落实教材政策使用教材的影响；第三，研究者曾亲身进入研究对象的课堂，与其建立了相互信任的关系，数据的收集真实有效。

表1　研究对象基本情况

姓名	性别	学校	所教年级	学生情况	所用教材
甘雨	女	华一中学	高二英语	水平相近	A出版社教材
李丽	女	方兰中学	高二英语	基础薄弱	A出版社教材
王慧	女	八一中学	高三英语	两极分化	A出版社教材

甘雨老师毕业于师范类大学英语教育专业，在当地一所重点中学担任高中英语教师，随后继续攻读教育学硕士学位。甘雨老师目前任职的华一中学是一所区级重点示范中学，学生有较扎实的语言功底和较强的学习能力，整体质量处于全市中上游水平。在日常教学活动中，甘雨老师一方面积极学习和接受新的教育政策和教学改革，一方面善于实践新的教学理念和教学方法，响应新课标对学生语言能力、思维品质、文化意识和学习能力的要求，参与市教研员、区教研员和出版社等组织的新课标培训，阅读主题意义、英语学习活动观和单元整体教学相关的期刊文章，对于教材政策、教材内容和教学实践具备一定的认知，也能在政策、教材和教参的辅助下，根据学生的基本情况和认知能力创造性地设计教学内容，组织教学活动。

李丽老师自2001年大学毕业后一直担任高中英语教师，主要担任高二和高三英语教学工作。她任职的方兰中学是一所十二年一贯制学校，是中国教育科学研究院与当地合作的第一所实验学校，但是学校在其所在区的排名较靠后，学生大多来自远郊区县，多为工人子女，家庭整体情况一般，家长学历不高，且明显呈现出学生基础薄弱、语言水平和学习能力较低，师生配合度不高的特征，教师整体教学进度推进较为缓慢。李丽老师认为新教材的主题安排合理，体现了立德树人等育人理念，但是材料难度和语篇篇幅对于基础较为薄弱的学生来说较大，从而导致以应试为导向的课堂教学活动居多，不利于学生语言学习能力的锻炼和语言思维的培养。因此，她更为看重教材的现实性和新颖性，注重建立单元主题之间的联系，从宏观和微观两个层面补充材料来促进学生的英语学习。

王慧老师自中学开始就梦想成为一名英语老师，立志用自己的行动改变我国英语教育现状。她曾赴美国交流学习，后攻读华北某师范大学英语教育硕士学位，毕业后任职于八一中学，是北京市特级教师、教研组长，多次荣获各类教学奖。王慧老师注重发掘学生的潜能，看重教师的个人素质，坚持以培养学生对英语的学习兴趣为第一动力，从不强调死记硬背和分数导向。在备课、上课和应试的过程中，她常以新颖、有趣、多样的教学理念和方法培养学生良好的学习习惯，通过做游戏、办论坛等方式展开教学活动，让学生在快乐的氛围和真实的情境中掌握教材内容，提高英语考试成绩。此外，她还具备坚定的英语教学改革信念，坚持素质教育，高效教学，贯彻落实语言学习和价值观塑造，注重对学生的全方位培养。

本研究采用质性案例研究方法，探析在教材政策落实方面，教师的教材使用现状，在落实过程中可能遇到的困难和挑战，以及影响教师落实教材政策、使用新教材的因素。囿于现实原因，本研究主要通过视频会议软件对三位中学英语教师展开三次线上访谈（共约6小时），以"高中英语教师教材政策落实"为议题，编制访谈提纲、知情同意书并进行预访谈，访谈内容主要涉及教师个人基本信息（职位和工作经历等），教材使用前对教材政策的基本认识和对教材内容的基本看法等，教材使用时的策略、方式、困难和影响因素等，教材使用后的意见、建议等。随后根据访谈情况修改访谈提纲，随即对本研究的研究对象展开半结构式访谈和刺激性回忆，在受访者同意的前提下，研究者对访谈内容进行录音和转录，随后进行编码和分析。

除了对三位中学英语老师进行线上访谈外，本研究还收集了受访者的公开课演讲视频、课例和教案、研究课教学视频和常规课教学视频（为期10天，共110节课，每节课40分钟）等，以辅助分析三位中学英语教师的教材政策落实现状和教材使用情况。

对数据展开分析时，研究者密切关注研究效度和研究伦理，对资料展开全面真实的描述，在研究过程中随时与研究对象展开交流，并严格遵守自愿与公开原则、保密原则和公平回报原则，将转写后的访谈文本导入MAXQDA2020质性数据分析软件，逐字逐句阅读原始数据文本，随后用"主题标注"的方式将原始文本分割成有意义的短语、句子、段落等，建立一级编码。在此基础上，将主题相同、意义相似的一级编码再次进行归类整合，并根据研究问题提炼频率更高的主题，形成二级编码。之后，基于现有文献和研究问题，再对二级编码进行筛选和整合，形成三级编码，即理论编码。最后，将MAXQDA2020中编码的数据以Excel格式导出，展开进一步数据分析，提炼主题、整合研究结果。

4 发现与讨论

4.1 教材使用现状：多元的内容调整与补充，注重核心素养培养

研究发现，三位中学英语教师在落实教材政策的过程中会结合政策内容，对教材内容进行调整和补充，以更好地落实核心素养的相关内容，具体教学活动包括增设跨文化交流活动、补充真实案例、创造情境化学习环境等。

教材作为育人的重要载体，对于人才培养的质量和方向有着重要的影响。2021年8月，国家教材委员会制定的《习近平新时代中国特色社会主义思想进课程教材指南》强调了落实重大主题教育，落实立德树人根本任务，体现核心素养，贴近学生生活、学习和思想实际，着力培养德智体美劳全面发展的社会建设者和接班人。受到教育经历和教学理念的影响，王慧老师在落实教材指南相关政策时关注学生核心素养的培养，强调以英语为语言工具在真实的生活和情境中与人交流，了解英美文化，解决实际问题。她反对以分数为指标的英语学习评价标准，认为传统的应试要求无法满足学生综合运用英语的能力。

此外，《普通高中英语课程标准（2017年版2020年修订）》明确提到要发展学生跨文化交流能力，培养学生多元思维和批判性思维，帮助学生建构和完善新的知识结构，提升语言交际能力，培养具有中国情怀、国际视野和跨文化沟通能力的社会主义建设者和接班人。对此，王慧老师也提到，在落实教材政策过程中应对标课标内容，具体做法包括重视学生语言能力、文化意识、思维品质和学习能力这四个英语学科核心素养的培养，以学生语言能力为重要基础，拓展学生国际视野和思维方式，帮助学生开展跨文化交流，培养他们的批判性思维。

语言学习需要采取以 communication 为主的方式，主要原因就在于

学习最终的目标不是为了考试，而是为了更好地与人交流。其实你传播中国文化也是要用英语去传播的，如果你不能够真实地学习语言，那是一个很大的损失。（王慧老师访谈）

此外，李丽老师在教材使用过程中会就现有教材内容及其主题补充各种资料，这些资料涉及中国国情下的现实问题，贴近学生日常生活，有助于学生理解问题，并形成一定的解决问题的思维能力。这种对教材内容的处理方式也考虑到了学生的基本情况，有助于远郊区县的学生更好地接受专业知识，也有助于教师提高课堂教学的效率和质量，一定程度上激发了英语水平较弱和学习动力不足的学生的学习热情。

先讲阿姆斯特丹的白单车，然后那里面涉及了白单车的一些好处，还有一些缺点。但是，它这些语言又没有完全涉及我们中国共享单车的一些缺点，所以我又从 *China Daily* 上找了一些我们中国的共享单车所导致的一些问题。

先进行语言积累，然后在课堂上学习怎样写倡议书，才写成了这样一篇文章。（李丽老师访谈）

为鼓励学生在学习理解的基础上通过应用实践不断提升迁移创新的能力，表达自己所希望传递的意义、意图、观点和态度，表现自己的情感、态度和价值观，教师也会针对现有教材中的活动内容进行调整和补充，丰富教学设计并达到相应的教学目标。

所以这儿我加了两条，就这儿加了一个 feeling，然后最后还加了一个 meaning，我在最后一栏加了一个 I。

在上课的时候，因为我们在最后的输出活动上也谈过自己的这个节日，所以我觉得这篇文章给了三篇小范文之后，学生都可以结合自己的（情况和感受）在小组讨论中间（谈一谈）。（甘雨老师访谈）

在教材政策的引领下，三位教师对于教材的使用都倾向于"教教材"这一范式，摒弃了传统的"用教材教"的行为模式，体现了他们对教材内容的再认识，具有自身逻辑，是其主观能动性的体现，符合学界对新时代新课改背景下教师对教材使用的研究（安桂清 2019；付宜红 2003；乔晖 2008）。三位中学英语教师在政策的指引下，避免机械地组织材料，而是深入理解教科书的内容，结合学生的基本情况和学习能力对教材中主题的排序、活动的安排和材料的补充都进行了干预。此外，她们通过歌舞或者游戏的方式让学生在真实的语言情境中学习，体现了教师语境化教材文本的使用方式（国红延、王蔷 2013），综合利用不同版本的教材和国内外优秀案例加深学生对抽象知识的理解和运用，基本体现了她们"有些新意"和"有创意地正确使用"的教科书使用等级（孔凡哲、史宁中 2008）。这一部分研究结果同时表明，三位中学英语教师在补充多元内容、注重核心素养培养等创造性使用教材方式之外，会对标教材政策的相关内容使用教材，增设教学活动，指向性地展开对学生的培养。

4.2 教材政策落实困难：复杂且多重的挑战来源

教材政策落实过程也会遇到诸多困难，通过分析参研教师相关数据，下文从教师、学生、资源与支持等三个方面梳理和归纳政策落实过程中的困难与挑战。

4.2.1 教师方面：在教材内容整合、教学活动设计和核心素养融合方面的困难

教材政策落实困难之一体现在教师的教材内容整合、教学活动设计和核心素养融合等方面。从教师方面来看，教师专业素养的高低对教材政策的落实程度具有一定的影响。教师专业素养包括对教材内容的整合、对教学活动的设计和对核心素养的融合，是教师教材观和教学观的主动体现。教师往往在熟悉内容的情况下，充分运用教学经验，将教材作为活动设计的抓手和支架（张虹等 2001），跨单元整合教学内容，按主题展开教学活动。在对教材内容整合这一存在教材政策落实困难的方面，王慧老师和甘雨老师认为对教材内容的整合很大程度上取决于教师的教学经验，这既包括教师教龄的因素，也包括教师对新教材的熟悉程度。一方面，对缺少经验的青年教师来说，教材内容的整合与灵活运用是有一定困难的。而另一方面，对有教学经验的教师来说，教材内容和版本的更换与迭代则成了他们不得不面对的新挑战。

> 很困难，对，特别是对于青年教师，非常困难。因为他们差不多都是第一次摸教材，所以老师基本上是按一课一课这样教……这个整合太大了，对于青年教师来说很困难。（王慧老师访谈）

> 但我的一个同事跟我说，本来高三讲题比较多，到了高一突然好像就忘了这个教材怎么教了，然后再突然换了新教材。新老师可能反而好

些，越是老教师就特别（觉得难教）。他们就让我说说是怎么上的，就是能感觉到（新教材）特别有挑战性。（甘雨老师访谈）

其次，部分参研教师认为，教师教材政策落实的困难还体现在教师设计教学活动方面，主要涉及课堂效率提升和新课标要求两个方面。首先，如何结合学生学情，充分利用课堂时间设计教学活动、提高教学效率，是教师落实教材政策时遇到的困难之一。同时，新课标也对教师课堂教学活动提出了新要求，对教师来说仍然是一项较难完成的任务。在实际教学过程中，教师往往更偏向于采用单课时授课的形式，文章的篇幅和课文的数量对于主题意义的整合提出了较大的挑战，且很难实现单元整体教学。

> 我就是想知道如何能够结合学生现在的水平，然后又最大限度地利用课本进行教学活动的设计，既能够符合学生的发展，又能够发展学生的语言能力，最终达到育人目标。我觉得在课堂教学效率方面面临较大的问题。（李丽老师访谈）
>
> 然后，我们在培训的时候也反复提这个单元整体教学。说实话，教师在真正教学的时候还是单课时上得多。因为单元整体教学要求较高，体现了课标对教材的要求。（甘雨老师访谈）
>
> 还有就是现在提了那么多的主题意义，感觉好像都被架空了。（甘雨老师访谈）

最后，参研教师认为教师教材政策落实困难也体现在教师对核心素养的融合上。新课标明确提出了学科核心素养的要求，而这种融合既建立在教师对核心素养的整体理解上，也建立在教师对其各个部分的分解融合之中。

> 例如思维品质这一方面，老师们做得还是比较多的。然后现在做得不太好的是提升语言能力和思维品质这块，不知道怎么去融合。我讲思维的时候可能就会把语言忽略了，然后讲语言的时候又把思维忽略了，就觉得融合起来比较困难。（李丽老师访谈）
>
> 以前从来没有提到过理解层面、应用层面、创新层面。现在至少大家知道这个理念了，学生活动观都出现了，大家都懂了，但是实际上怎么去操作还是一个很大的问题。（王慧老师访谈）

4.2.2 学生方面：学习能力和学习动力成为挑战

教材政策落实困难之一体现为学生的学习能力和学习动力不足。学生的学习水平和学习需求直接影响教师的教材使用效果（徐锦芬、范玉梅 2017），在本研究中，学生的学习需求体现为学生对教材知识的渴望程度、对教材学习的努力程度和对教材活动的接受程度。从学生角度来看，三位教师认为在新的教材政策面前，学生自身素质水平与现有新教材的难度存在一定的偏差，对教师落实教材政策造成了一定的困难。首先是学生基础薄弱，学习能力不足，语言水平较低，导致教师无法按照预先设计的进度与计划开展教学活动。

> 特别差的孩子可能连 ocean 都不认识。这一个单元它有两个 listening material，别的学校的老师可能两节课甚至一节课就处理完了，我可能得处理三到四节课，我的学生就是听不懂。（李丽老师访谈）
> 然后第三是担心学生没有这种自学能力，那我就挑着课本讲，但学新的词汇不复习是不行的。（王慧老师访谈）
> 首要原因可能是我的学生语言水平比较低，加上文章比较难，学生读起来很有困难。（李丽老师访谈）

其次，学生的学习态度不端、学习习惯不佳、学习动力欠缺，这些情况致使教师无法进一步结合教材内容培养和训练学生的高阶能力（如思辨能力等）。

> 我会留一些问题，还有一些阅读材料让他们来回答，有时候本来想让他们去思考的，但是孩子们可能也就抄一下就交差了。（李丽老师访谈）
> 从学生不出声儿这个小小的细节就能发现学生的学习方法不对，学习动力不足。我在想是不是现在小孩的条件太好了，那种奋斗的劲儿要差一些。（甘雨老师访谈）

4.2.3 资源与支持方面：教材培训效果欠佳

教材政策落实的另一困难体现为出版社的教材培训效果不尽如人意。从教材角度来看，新教材政策的颁布和新教材的出版必然伴随着教材培训的涌现，而教研共同体的存在一定程度上能够促进教师对教材的创造性使用，激发他们"用教材教"的动力（林娟、战菊 2015），但是通过访谈发现，三位中学英语教师对教材培训的认可度不高，认为教研团队的活动安排没有考虑到一线教师的实际情况和实际需求，其教研效果仍然有待提升。虽然各教育主管部门及出版社均提供了充足的培训内容，配置了经验丰富的培训人员，为教师提供了相当多的帮助和便利，然而参研教师也反映，教材培训在一定程度上也给教材政策的落实带来了一定的挑战：由于培训主体繁杂、培训内容繁多等方面的因素，培训的效果见仁见智。

> 培训非常多，基本每周三都有区里的培训，它让每个学校负责一个单元。每课书你是怎么上课的，主要是给出PPT来，然后再给出两节公开课来，学校自己备的公开课，供老师们学习。这个确实是减轻了老师很多的（压力），从全局的角度来说是很有优势的，能让老师开阔思路。（王慧老师访谈）

> 效果并不好，因为老师其实非常忙。如果你让他在网上一直看各种课，他是没有这个时间的，因为他都没有时间备课，（改）作业，然后还要处理家长会，接待家长。学生现在有很多心理问题，老师每天都筋疲力尽，所以基本上它们都是在网上，在那儿放着，但实际上没什么人看。（李丽老师访谈）

> 网上的课会出现这样的问题还是因为底下老师面对的学生一人一个样，所以各种突发事件现在越来越多，效果非常一般。但是没有这种培训，可能老师更是一头雾水，更不知道这个课怎么教。（王慧老师访谈）

4.3 教材政策落实影响因素分析

结合前文教材政策落实的现状与挑战的分析，研究进一步梳理访谈结果，归纳影响政策落实的因素。研究发现，相关影响因素主要来自教师、教材编写与设计、学生情况及学校教学目标等方面。

4.3.1 教师专业发展

教师对教材政策的落实受到诸多因素的影响，其中教师的专业发展是较为重要的一环。教师的专业发展是一个长期的、不断演进的、持续发展的过程，对于教师的能动性和内生性有较高的要求。根据学者们对教师专业发展的研究和认知，为了顺应时代的发展和课程改革的要求，教师需要积极转变教材观念，增强专业修养，拓宽专业视野，在实践中提高反思意识和行动能力（叶澜2001；朱宁波2002）。教师的专业发展，是指教师在从新手教师到经验教师的成长过程中，所受到的求学经历、工作发展经历和专业提升经历的影响。其中求学经历和工作发展经历对教师个人素养的提升和教学风格的塑造有重要的作用，而教师在常规教学活动之外的专业提升经历则对教师落实教材政策有积极的影响。教师专业提升的渠道既包括日常的教研活动和专业工作室学习，也包括市级名师发展工程的培养。通过多种渠道的提升，教师能够更好地理解教材政策的内涵和核心要义，并付诸实践，贯彻落实到日常教学活动当中。教师专业提升的表现主要有理论知识的提升、发展动机的提升和个人能力的提升这三个方面。

甘雨老师提到教师的专业提升经历能够丰富教师的教学理论，增加对教学理论的认知，提升对教材政策的理解能力。

> 我觉得名师发展工程的培养对我有特别大的帮助。如果说读教育硕士的那一年让我对教学研究或者理论有一些领悟，那么名师发展工程就是开天窗了。（甘雨老师访谈）

> 我当时觉得，他讲的那种测试实际上就是让你放开了从长远去考虑你的教学工作，所以这种理论，包括实践导师给的那些案例，对我们来说是个非常丰富的宝藏。（甘雨老师访谈）

甘雨老师认为，教师专业提升经历能够培养教师的责任感和使命感，增强教师的专业发展动机，提升教师在落实教材政策过程中解决问题的决心和毅力。

> 我觉得名师发展工程不仅给我们带来理论指导，而且给我们带来知识。这个团队以及所有的导师们，他们身上的那种精神给我们带来了支撑和激励。（甘雨老师访谈）

> 首先我觉得，成为名师发展工程学员之后就有一种无形的使命感和责任感，就好像它不只是一个称谓，而是让我觉得我要对得起在名师发展工程这两年的培养。（甘雨老师访谈）

> 另外我觉得就是这种，就是我刚才提到这个人或者每个导师个人魅力的影响。包括杨老师也好，其他导师也好，原来觉得他们距离我们很远，但现在觉得很近，让我们内心有种亲近感。还有就是觉得如果不好好干工作，或者不是那么认真地去做，就是对不起名师发展工程，对不起这两年。（甘雨老师访谈）

此外，李丽老师和甘雨老师提到教师专业提升经历能够带动教师学术写作能力的提升，影响教师课程设计的实践能力，培养教师的教育领导力，提高教师骨干的辐射作用，从而带动教师主动贯彻落实教材政策并增强对周围其他教师的影响力。

> 我觉得挺好玩儿的，就是那个教学里面会有很多的问题，然后去研究的时候，我觉得挺有趣的，所以我又去了，因为我自己的论文写得比较少，然后我也想在学习的过程中写论文。（李丽老师访谈）

> 特别就是经常会给我们一些灵感，然后这些东西，包括您提到过一点，就是现在我们做到骨干这个层面了，就不仅仅是教好教材了，你自己还要去开发你的校本课程，要有这种课程的设计能力。（甘雨老师访谈）

> 不只是培养你个人，更多是要培养你的这种教育领导力，要让你去发挥骨干的辐射作用。（甘雨老师访谈）

4.3.2　教材编写与设计

教材的编写与设计也会影响教师对教材政策的落实，这验证了黄友嫦（2004）的研究发现：教材的使用程度、难易程度和趣味度会影响学生对教材的满意程度，进而影响教师教材使用的效果和教学的质量。首先，从横向来看，新旧教材之间存在一定的差异，但整体来说新教材在内容与设计方面更符合教材政策相关要求，有助于教师更好地运用教材开展教学。王慧老师发现新教材在旧版本的基础上进行了改动，提升了语言质量，更新了语篇内容。甘雨老师也认为，新教材加大了对新课标的融合和对核心素养的渗透，有助于教师在使用教材的过程中落实教材政策，贯彻核心素养。

> 我觉得现在的这个新教材和原来的那个旧教材还是有比较明显的区别的，尤其我们原来用的是 B 出版社版的旧版，然后换个 A 出版社版的话，课标的一些新内容就会渗透在教材里面。比如说，立德树人、学科核心素养（在其中的体现）还是很明显的。（甘雨老师访谈）

> 我们一直用 A 出版社版的教材，里面的文章比以前的更新，语言也更地道一些。但是整体思路没有变，就是它都是一个话题，里面很多课书，而且它以前没有那个 viewing workshop，听说读写看，它没有"看"这部分。但现在教材有一个"看"，这也是新加的。其他的话差不多。语言好，内容更多。（王慧老师访谈）

另一方面，从纵向来看，不同出版社的教材编写风格不同，因此出版的教材难易程度与内容体量各不相同，并由此影响了教师课堂教学材料的选择和教学活动的运用。而一线教师在实际教材使用的过程中会积极吸收不同出版社编写出版的教材，并选取适切的教学内容展开教学活动，为学生提供多样的课堂体验。具体来看，李丽教师认为 A 出版社教材虽提倡语篇教学、话题学习、单元整合，但是依然存在体量较大、文章较长、学生接受程度不高的情况，影响学生的课堂积极性和课堂整体推进进度，影响教师对核心素养的贯彻和落实。而 B 出版社出版的教材则相对来说中规中矩，较为实用。

> 我觉得，A 出版社出的教材这量太大了，就是一本书就只有三个单元，然后有时候学生问老师怎么还讲这个单元，他就是学烦了你知道吗。它不像 B 出版社出的教材就一个小单元，它容量大，它重复得多，那学生们可能学它没有兴趣。另外一个就是我们要讲得慢，推不动，然后一个月都得学这一个单元，学生可烦了。就是这样的。（李丽老师访谈）

> 我觉得，B 出版社的教材比较像以前那种教材，就是比较有板有眼，就是特别实用的那种感觉。（李丽老师访谈）

相较而言，甘雨老师认为 C 出版社的教材选篇更有趣味性、语言更加地道、文化冲击更大、人文性更强，符合学生发展的需要。这样的教材编写风格不仅有利于教师提升学生听、说、读、写、看等方式理解和表达意义的能力，形成语言意识和语感，而且能帮助提升学生对中外文化的理解和对优秀文化的认同。

> 对，三种教材我都买了，因为我当时想的是，有时候比如说我上讲述屠呦呦的那一课，这个内容 B 出版社版里面也有，有时候可以做互文参考。我记得 C 出版社版的教材里这种文化冲击更大。我觉得新教材都体现了这一次整体的教材改革，这一点给人的冲击还是比较大的。（甘雨老师访谈）

> 对，人文性更强一些。我记得当时有一篇文章讲的好像是 food，就是东方和西方的食物。然后还有一篇，好像是 C 出版社教材里的一篇文章，讲的是当莎士比亚遇上汤显祖，就是《牡丹亭》和《罗密欧与朱丽叶》，我当时（就觉得）这篇文章冲击力特别特别强。（甘雨老师访谈）

4.3.3 学生情况及学校教学目标

结合前文对困难与挑战的分析，三位教师都认为学生的基本情况很大程度上影响了教师对教材政策的落实，这包括地域性差别、家长的教育背景和家庭的社会经济地位。由于家庭条件和父母学历水平的限制，王慧和李丽老师班级的部分学生接受知识的速度较为缓慢、家庭支持薄弱、学生大多以学校作为知识获取的唯一渠道。这些因素导致学生对其认知水平内的知识仍然存在接受障碍，对其最近发展区内的知识更存在难以消化的情况。因此，教师在将教材政策融入日常教学活动时，需要同时考虑学生的接受程度，酌情处理和调整新课标中的具体教学内容，对教材政策的有效落实产生了一定的影响。

> 然后另外一个班，是走班，一半儿都是远郊区县的学生。（王慧老师访谈）

> 我们学校的学生，家里条件特别好的那种可能也不是特别多。然后家长可能都是普通人。其实我还问过，他们的班主任说，本科以上学历的家长可能都比较少。（李丽老师访谈）

除了上述来自教师、教材编写和学生方面的因素外，三位参研教师也认为学校的教学计划与教学目标也是影响教师落实教材政策的一大因素，这体现了教材评价标准和观察视角的问题（汪锋、李二民 2022），是学校对教师考核标准和教研体制方式的体现（严家丽 2016），也是结果导向的教育目标制定的彰显（袁令民等 2013）。除此以外，在本研究中，三位中学英语教师也提到了非教学事务的增加整体上缩短了教师在教学事务层面的可投入时间，影响了教学效果和对教材政策落实的践行。从内因来看，教师的教学课时缺乏，非正式课时增加，备课时间不足，单位课堂时间较短，课堂效率不高；从外因上看，日常测验及高考导向的教育目标都是教师落实教育政策时的重要阻碍。

> 现在是反过来了，大家都在抱怨。学生说我课时少，这个考试太难，然后怎么怎么样，都是这个外在的原因造成我英语学不好。（王慧老师访谈）

> 其他老师会跳过很多，会省掉很多，他们可能连 viewing 这样的文章都不会上，他觉得没用。然后对于 writing 他们会觉得，哎呀，高考就考应用文，这个要写一个影评，高考不考，于是他们甚至都不上 writing。（甘雨老师访谈）

5 结论与启示

本研究使用质性案例研究方法，调研三位中学英语教师在新时代新课标的背景下，在教材政策的落实过程中遇到的挑战和相关影响因素。研究发现，教师对于教材政策的落实具象地在其日常教材使用教学活动中体现，因此对于教师教材政策的落实理应借助对教师教材使用的研究。通过分析三位教师的教材使用实践发现，在落实新课标和使用新教材的过程中，教师倾向于采用调整活动顺序或补充课堂教学材料的方式满足日常教学需求，微观上的教材使用策略包括多种资源输入、灵活安排课程顺序、补充课程等。而教师在落实教材政策、开展日常教学活动时，会遇到来自教师自身、学生能力、资源与支持等三个方面的困难和调整，致使新教材政策的落实效果欠佳，课堂教学效率有待提升，教师对于核心素养的融合度也有待改善。通过梳理研究结果，研究进一步发现影响教材政策落实的因素来自多个方面，包括教师个人情况、教材编写内容、学生基本情况和学校教学目标等。教师对教材政策的落实具有长期性、阶段性等特点，是教师发展场域和发展理念的综合结果，随着国家经济发展水平和教师所处时空的变化而发生变化。

因此，在资源支持方面，对于教师培训的开展，相关部门应规范培训市场，汲取不同出版社教材的优点，建立系统的培训体系。培训主体应考虑到教师专业素养和教学环境的因素，在不增加教师教学负担的情况下，结合实际酌情开展梯度各异的培训活动，如名师发展工程、教研讨论小组等，进入课堂指导教师教学活动。在教材编写方面，由于教师对教材的使用往往具有前瞻性的影响，且教材的编写涉及多个教材政策落实的主体，包括教材编写专家、教材出版社和教材使用者，因此教材内容编写与教材选择的过程应更好地结合学生能力，方便教师实践教学，培养学生的核心素养。在教学目标制定方面，教学活动的安排和教学计划的制定应多倾听来自一线教师的声音。教学目标的制定与教材政策相辅相成，应实地考察一线课堂，了解一线教学所需，从学情的角度出发组合教学材料，重视校本课程的重要性，为教师提供更好的教材政策落实软环境。

参考文献

陈称福，2006，关于语言规划与语言政策的反思。硕士学位论文。苏州：苏州大学。

崔珂琰，2017，《中国近现代少数民族教科书政策研究》。北京：知识产权出版社。

付宜红，2020，规范教材管理、使用，强化育人功能——我国中小学教材建设与使用相关政策规定梳理，《基础教育课程》（3）：4–10。

郝志军，2020，教材建设作为国家事权的政策意蕴，《教育研究》（3）：22–25。

黄友嫦，2004，英语写作教材学生评价的实证研究，《国外外语教学》（3）：22–24。

靳玉乐、王洪席，2012，十年教材建设：成就、问题及建议，《课程·教材·教法》（1）：12–16。

柯政，2018，改革开放40年教材制度改革的成就与挑战，《中国教育学刊》（6）：1–8。

林娟、战菊，2015，"活动"中的英语写作教材评估与使用——来自高校英语教师的声音，《现代外语》（6）：790–801+873。

刘瑞娜、李太平，2019，改革开放40年我国中小学教材政策的演变特征及未来走向，《基础教育》（1）：47–54。

刘学智、张振，2019，推进教材制度创新的着力点，《教育研究》（2）：28–32。

石鸥、张文，2018，改革开放40年我国中小学教材建设的成就、问题与应对《课程·教材·教法》（2）：18–24。

孙刚成、林婧，2019，中华人民共和国成立70年来的中小学教材政策发展历程及未来展望，《课程教学研究》（10）：12–19。

汪锋、李二民，2022，问题、挑战与建议：高中语文统编教材使用情况调查报告，《中学语文教学》（8）：18–23。

王攀峰，2021，改革开放以来我国教科书政策话语体系的回顾与反思，《课程·教材·教法》（9）：55–62。

徐锦芬、范玉梅，2017，大学英语教师使用教材任务的策略与动机，《现代外语》（1）：91–101+147。

许航、孙绵涛，2021，中国共产党教材管理政策百年历程、特征和趋势，《中国教育科学》（5）：49–57。

薛二勇、李健，2022，教材治理体系和能力现代化的政策分析，《中国电化教育》
　　（7）：16-22+42。

严家丽，2016，试析影响教师使用教科书水平的因素——基于15位小学数学教师的
　　调查，《数学教育学报》（6）：51-55.

叶澜，2001，《教师角色与教师发展新探》。北京：教育科学出版社。

袁令民、廖伯琴、李富强，2013，高中物理教师使用新课程教科书情况调查及影响
　　因素探析，《教育学报》（2）：76-81+95。

张虹、李会钦、何晓燕，2021，我国高校本科英语教材存在的问题调查，《外语与
　　外语教学》（1）：65-75+147。

张杰，2009，新课程背景下教材政策实施问题研究。硕士学位论文。上海：华中师
　　范大学。

张美静，2021，中国共产党百年教材政策的发展脉络、演进逻辑与未来进路，《当
　　代教育论坛》（5）：32-39。

朱宁波，2002，《中小学教师专业发展的理论与实践》。长春：吉林人民出版社。

邹敏、陈则航，2023，基于思维品质培养的初中英语教材使用研究，《天津师范大
　　学学报（基础教育版）》（3）：9-24。

第二部分　教材内容研究

5 我国基础英语教材内容研究述评（2001—2023）：现状与展望

李东玉[a]　彭玉清[b]　张逸帆[c]

[a]北京外国语大学中国外语教材研究中心/英语学院
[b]佛山市顺德区桂畔小学　[c]北京外国语大学国际教育学院

提　要：近年来，国家愈加重视中国特色高质量教材体系建设，不断加强其顶层设计。在教学实践中，高质量英语教材内容对学生的语言习得乃至核心素养发展均有关键意义。教材内容直接决定教材质量。为厘清目前基础英语教材内容的研究现状，本文通过梳理该领域的相关文献，阐述其发展现状与特征，并尝试为未来研究提出建议。研究发现，现有研究主要聚焦于英语教材的组织要素、语言要素、能力要素、文化要素、视觉要素等五个方面。针对我国未来基础英语教材内容研究，本文提出四条建议：一是研究样本应拓宽取样范围；二是研究视角应跨学科化、融合化；三是研究内容应加强渗透英语学科核心素养；四是研究方法应注重多模态分析。本研究有助于厘清我国英语教材内容研究的发展趋势，助推外语教材建设高质量发展和实现"教材育人"目标。

关键词：英语教材；教材内容研究；文献分析

1 引言

　　教材是学校教育教学的重要依据，是学生学习语言知识、发展语言技能和提升综合素养的重要工具，是实现立德树人根本任务的重要载体。高水平的教材对学生外语学习质量和教师外语教育水平影响深远。近年来，国家愈加重视教材建设，不断加强其顶层设计。2017年，为贯彻落实《关于加强和改进新形势下大中小学教材建设的意见》，进一步做好教材管理有关工作，国务院决定成立国家教材委员会。2018年5月22日，教育部在北京召开课程教材研究所成立大会，我国第一个国家级课程教材研究专业机构正式成立。随着国家对教材建设的重视，外语教材内容研究成为外语教材研究的重要议题之一。

　　狭义上讲，教材分析是教师进行教学设计的前提，教材分析的结果可渗透于教学设计。如果不开展认真细致的教材分析，教师就很难把握教材的内在逻辑及其教学方式，也就难以将教材内容转化为教学内容（肖磊、王宁2021）。广义上讲，教材分析是指学者基于特定的问题或主题，选择合适的方法对教材内容进行分析，以总结教材的特点与规律，发现教材编制过程中存在的问题并提出改进建议。因此，本文通过梳理国内基础教育阶段英语教材内容的相关研究，阐述其发展现状与特征，并指出未来的研究方向，以期厘清现有基础英语教材内容研究的发展趋势，助推外语教材建设高质量发展和实现"教材育人"目标。

2 研究方法与文献来源

本研究采用文献分析法（Bowen 2009），以中国期刊全文数据库为数据检索平台，检索我国基础外语教育课程改革（2001年）至今（2023年）二十多年来基础英语教材内容研究的相关文献。首先，设定"外语教材 + 英语教材 + 外语教科书 + 英语教科书"为主题和关键词检索式，以中文社会科学引文索引（Chinese Social Sciences Citation Index，简称CSSCI）来源期刊和北大核心期刊作为数据来源，获取英语教材相关文献共1441篇。接着，研究者通过对初步检索结果进行篇名排除与人工逐篇阅读，剔除与本研究无关的文献，最终获得55篇涉及基础教育阶段英语教材内容研究的论文。

经文献梳理发现，从发文趋势来看，自基础外语教育课程改革以来，我国学者鲜少关注中小学英语教材内容，2001—2021年间每年高质量发文量大多保持在3篇以内。随着我国全面加强中小学教材建设与管理，近两年来的高质量发文量有所增加（2022年8篇，2023年7篇）。从来源期刊来看，《课程·教材·教法》（11篇）、《教学与管理》（7篇）、《外语教育研究前沿》（6篇）、《山东外语教学》（2篇）等期刊是相关文献的主要来源。从研究性质来看，综述类文献共5篇，理论性文献共11篇，实证类文献共39篇。从研究关注学段来看，高中教材研究共28篇，初中教材研究共14篇，小学教材研究共10篇。

回顾样本文献的研究内容，我国对中小学英语教材内容的分析主题有词汇、语法、语篇、编排设计、文化和插图等。经分析归纳后，本文将从组织要素、语言要素、能力要素、文化要素、视觉要素等五个方面对现有英语教材内容研究展开梳理与评述，归纳相关研究的特征及趋势，并分析其为未来中小学英语教材内容研究带来的启示。

3 研究主题及主要研究发现

已有英语教材内容研究的主题范围较广，可归纳为组织要素、语言要素、能力要素、文化要素、视觉要素等五个方面。本节将逐一对其进行梳理与评述，这有助于呈现当前的研究脉络，丰富学界对教材内容研究的认识，发现其研究不足，为进一步推进通过中小学英语教材有效发展学生核心素养奠定基础。

3.1 组织要素

经梳理发现，针对教材内容组织的研究主要聚焦于教材内容的话题选取、编排设计和体例结构等方面。首先，国内中小学英语教材中的话题存在实用性欠缺、跨学科融合性不强等问题。陈柏华、吴月文（2012）从跨学科视角，采用内容分析方法对人教版高中英语教材（必修1—5册）展开分析，发现该教材较好地体现了跨学科性，但在选材上仍须考虑同一主题不同学科的融合。王洋（2016）通过分析人教版小学英语教材的话题分布、分配和适切性，发现现行小学英语教材学习内容的基础性、实用性和与现实生活的贴切性仍存在不足，但更多的话题还是符合教育教学实际和儿童的年龄特征及认知水平。其次，须加强中小学英语教材编排的逻辑性、整体性和关联性。张成文（2020）通过对人教版小学英语教材分析证实，该教材题材范围广但缺乏实用性，且单元主题的编排逻辑仍须进一步明晰，最后提出了分类性组织、故事性组织、实践性组织等三条策略。郭宝仙（2022）通过结合分析我国和韩国教材样例，提倡英语教材"以学习者为中心"的编写原则，从加强教材目标的整体性，促进内容的一体化、选择性和关联性，完善元话语和编排逻辑等方面改进英语教材，实现英语教材的"学材化"。最后，仍须进一步深入分析教材的体例结构，加强与学生能力培养的联系。杨黎霞（2008）通过比较人教版与北师大版高中新课程英语实验教材，发现人教版教材整体结构较为简洁，北师大版教材则突出多样化的风格。具体而言，前者以单元划分，不分课次；后者提供充足的语言材料，教学课时容量偏大，需要教师合理安排教学课时。此外，朱桂荣等（2019）从结构设计、内容编排、题材选取等方面分析了日本初中英语教材 *NEW CROWN*（1—3册）教材的育人功能，发现该教材的结构设计方针由"习得"转向"运用"，以紧密丰富的内容培养学生的语言运用能力；内容编排注重学习的循序渐进和知识复现，以培养学生的自主学习能力；题材选取体现了理解本国文化和拓宽国际视野的特征，旨在提升学生确立自我、尊重他人和其他文化并积极与之沟通的能力。

总体而言，加强话题选择的适切性、编排的逻辑性和结构的规律性是促进英语教材立足学情、尊重学生发展规律、实现育人目标的重要途径，对未来中小学英语教材的优化与改进具有重要意义。

3.2 语言要素

语言知识是语言类教材的基本内容，因此也是英语教材内容研究的重点关注对象之一。相关研究主要从词汇和语篇两个方面展开文本分析，以有效提升学生的语言能力。

词汇是语言的最基本要素，也是广大英语教师在教学过程中始终关注的教学内容。经梳理发现，已有研究结合语料库分析教材中词汇的分布情况（何舒曼、李庆燊 2013；王昊、刘永兵 2016；王战旗、吴欣 2008）、难易度（谢家成 2010a）、复现情况（谢家成 2010b；赵建国、陈秋竹 2019）等。在词汇分布上，利用软件建立语料库对教材进行横向或纵向比较，具有科学性和客观性。王战旗、吴欣（2008）通过自建三套小学英语教材的语料库，利用软件对教材文本进行横向比较后发现，教材在各册次间的词汇分布不够均匀，这既给学生增加学习难度，又给教师教学带来困难。何舒曼、李庆燊（2013）分析了三套初中英语教材词汇的概况，发现各册教材在各年级的语言输入量设置存在差异，在词汇复杂度上大致遵循循序渐进的编写原则，并呈现出逐级递增的趋势。在词汇难易度上，谢家成（2010a）从词汇的广度和深度方面评估国内初高中各一套英语教材，发现在广度覆盖方面，不少"课标词汇"和"基本词汇"在教材中未呈现或呈现频率较低；在词汇深度方面，教材中不少"基本词汇"的常用语义、典型范式和搭配的呈现存在缺失或不足；在词汇复现方面，通常选取某一标准（如课标），对标教材中的词汇复现情况。谢家成（2010b）通过语料库手段对比国内一套中学英语教材和两套国际英语教材，考察教材对英语动词do的虚化用法的呈现情况，发现相较于国际英语教材，该国内中学英语教材倾向于大量且高度重复呈现do与汉语动词"做"相耦合的用法，其虚化用法的丰富程度和显性呈现方式仍有待提升，以提升学习者对语言虚化现象的意识和习得。赵建国、陈秋竹（2019）以课标为准，考察译林版牛津小学英语教科书词汇的覆盖情况及复现率，发现该套教科书对规定基础词汇的覆盖程度较好，但复现率不足，并建议通过科学编写教科书、扩充教学资源、引导学生阅读、改善教学用语、丰富课外英语学习活动等途径提高词汇复现率，助推学生词汇学习。总之，已有研究侧重分析教材中词汇的难易度、分布情况等，同时由于词汇数量过多，通常借助软件或建立语料库方式辅以研究，这有助于提升教材词汇研究的科学性。未来研究可利用技术手段，进一步加强教材与课标的联系，分析重点词汇、短语、句型的分布情况、难易程度等，为教材编写者和使用者提供建议，以助益有效词汇教学。

语篇是当下英语教学中格外重视的语言学习载体。与语音、词汇、语法等非意义表达的语言知识不同，语篇是完整表达意义的基本单位，研读语篇是教师实现有效英语教学的前提。经梳理发现，已有研究主要通过搭建分析框架或者对不同版本英语教材语篇进行比较分析。彭静、王云林（2014）对三个版本高中英语教科书同一主题课文进行分析，发现各版本英语教科书在课程内容的广度、进度、深度以及课文难度等方面各有不同，其中外研版教材在所有方面均处于最高水平；廖百秋、周保国（2017）基于批评性语类分析框架，通过高中英语教材文本实例探讨了英语教材语类资源借用、混合与重组的表征、规则和目的，从中揭示出外语教材语篇背后蕴含的学科特征，具体包括兼具工具性与人文性的培养目标、以生为本的教学模式、多模态的教学手段等。教师需要仔细研读语篇，将其中的教育理念具体化为教学实践，以有效实现教材的教育教学功能。

总体而言，针对具体语言知识方面的英语教材内容研究成果较多，近年来学者借助现代化技术支持的软件工具也拓宽了该主题下研究的广度和深度。此外，随着语篇概念在英语教学中逐渐普及，相关研究的分析单元也逐渐由局部零散的碎片化语言知识转向具有主题意义的整体语篇。

3.3 能力要素

除教授语言知识与技能外，英语教材也是培养学生能力、促进学生全面发展的重要工具。随着新一轮基础教育课程改革的推进，相关学者和教师逐渐从知识本位转向素养本位，并愈加重视依据各学段课程标准和教学指南的要求，重点分析教材内容与学生综合能力素质（语用能力、思维能力、道德品质等）培养之间的联系。

首先，有学者探究了学生语用能力的培养现状及策略。例如，黄洁（2008）通过对国内外的外语教材展开分析发现，当前教材语用知识部分的渗透在很大程度上还难以满足学习者提高语用能力的需要，须明确教材中的元语用解释和丰富其语境，加强学习者语用意识的练习，提供完成某一言语行为的各种语言形式以及适当的文化背景知识介绍。其次，也有学者关注英语教材教材培养学生思维能力的策略，如问题设计、活动设计等。陈则航等（2020）基于思辨能力培养视角，以阅读活动和问题设计为切入点，对中、德两套中学英语教材进行对比研究发现，两者皆关注学生思辨能力的培养，并循序渐进地将思辨能力融入阅读任务，但德国教材的思辨能力培养占比更优。此外，两套教材均更注重培养学生的分析和预测能力，而质询与评价能力在其中的融入较为欠缺。李广超（2022）通过长期调研发现，目前中学英语校本教材设计普遍存在过分重视低阶思维而轻视高阶思维的现象。因此，他建议教材编写者应将高阶思维贯穿于问题设计、活动设计与评价设计之中；同时，应从教材设计的全局理念出发，注重校本教材设计的整体性，将高阶思维与非理性思维融于一体。最后，有学者重视教材的育人功能，探究教材中的德育要素对学生思维品质的熏陶。王鸣妹（2014）以人教版九年级英语教材为例，梳理了教材所涵盖的爱国主义、理想信念、道德品质、文明行为、遵纪守法、心理健康等六个方面的德育内容，并提出了开展"小组工作坊"、英汉语言与文化对比、充分利用网络资源和多媒体手段以及丰富课外英语实践活动等策略，以发挥教材的德育价值。值得注意的是，柳华妮等（2022）建构了由五大维度、33个要素构成的高中英语教材思政育人价值融入概念框架，通过对三套高中英语新教材的语篇文本进行思政育人内容分析，研究初步表明新教材在思政育人方面的设计较为完善，有助于落实立德树人目标。可见，已有研究既注重对语篇中的语料研究，也重视挖掘其背后的育人理念，并尝试将教材与学生核心素养联系起来，挖掘教材的育人价值。

总体而言，已有研究逐渐重视教材与学生能力培养之间的联系，并尝试以"立德树人"作为根本育人目标与价值取向，深入分析和挖掘教材中发展学生核心素养的内容，从而促进学生能力的全面发展。

3.4 文化要素

文化分析是通过了解语言类教材中本土文化及跨文化内容，从而分析语言教学是否能够促进学生了解本土文化、形成跨文化意识和跨文化交际能力（肖磊、王宁 2021）。由于外语课程的特殊性，针对文化内容的分析在英语教材内容研究中占据主导地位，具体聚焦于文化分析框架（杨冬玲、汪东萍2022；张虹、李晓楠 2022a）、文化内容分析（唐霜 2011；吴晓威、陈旭远2014；吴宗杰、张迎春 2020）、文化融入分析（何丽芬 2018；杨吕娜 2022）等方面。

在文化分析框架方面，国内已有研究主要聚焦于英语教材文化内容和文化呈现的分析框架开发。其中，最具代表性的学者是张虹和李晓楠，她们从呈现内容和呈现方式两个维度设计构建了"英语教材文化呈现分析框架"，通过对七套国内英语教材的多元文化教学项目进行标注统计，验证了该框架的信效度、合理性和较为广泛的应用性（张虹、李晓楠 2022a）。这是我国目前具有代表性的文化分析框架，通过为文化呈现方式赋予不同权重进行教材内容分析，这也改变了以往仅采用频率和百分比等较为简单的统计方式，转向了学术化、科学化、系统性的文化分析框架。为进一步验证该分析框架，张虹、李晓楠（2022b）通过量化和质性分析，考察了我国某套新版高中英语教材与文化的融合现状，发现教材中呈现的文化内容在地域、形式等方面类型多样、比例恰当，其中承载的价值观较好地体现了文明交流互鉴，同时也有效融入语篇和练习。然而，该框架仅针对高中和大学阶段教材，是否适用于小学和初中学段的教材仍未取得实证研究成果。此外，杨冬玲、汪东萍（2022）基于文化的概念内涵和外语教材实证研究常用的文化内容分类框架，构建了适合我国当前国情的外语教材文化内容层级分析框架，主要包含三个层级：首先是文化"类型"，是相对宏观的文化分类；其次是文化"主题"，是相对微观的文化内容；最后是介于类型和主题之间的较中观的"维度"。可见，近几年国内学者开始注重对文化内容分析的理论框架探究，追求科学性、系统性和层次性。

在文化内容分析方面，国内大多数已有研究借鉴国外学者的文化内容类别分析框架对英语教材展开研究，这些分析框架包括Moran（2009）的分类（文化产品、文化实践、文化观念、文化社群、文化人物）、Yuen（2011）的文化类型框架（文化实践、文化产品、文化观念、文化人物）、Kachru（1990）的同心圆模型（内圈、外圈、延展圈）、Cortazzi & Jin（1999）的分类方式（本族语文化、目的语文化、世界文化）。例如，唐霜（2011）按照地域采取Cortazzi & Jin（1999）的分类方式，对新旧版高中英语教材文化内容进行对比分析发现，新版教材增加了本族语文化和世界文化的比例，表明了对本族语文化的重视，同时注重对世界意识的培养。吴晓威、陈旭远（2014）从文化地域、文化结构、文化功能等三个维度对人教版高中英语教科书中的文化内容进行相应的分类与分析，研究发现目的语文化比重远高于本民族文化。值得注意的是，国外的英语教材文化内容同样存在以目的语国家文化为主导的现象，如日本（Davidson & Liu 2020）、印度（Bose & Gao 2022）和韩国（Kim & Paek 2015）的英语教材。此外，有学者通过分析教材发现中华文化内容缺失严重（任平 2009；吴晓威等 2014；郑燕、陈雪芬 2015），存在边缘化、结构零散、系统性欠佳、深度不足、传播与传承意识不强等问题（郭宝仙 2020）。将来，教材相关人员在教材编写和使用时既要丰富国际文化，又要充实本民族文化，帮助学生提升文化认同感和归属感，树立文化自信，塑造文化品格，加强培养学生的全球公民身份，包括文化意识、开放思想和社会责任等。

在文化融入方面，基于已有研究中教材缺失中华文化的现象，有学者开始关注英语教材中的中华文化融入情况及策略研究（何丽芬 2018；杨吕娜 2022）。例如，杨吕娜（2022）将我国现行的三种主流高中英语教材作为分析样本，主要从讲述主题、方式、主体等三个方面对教材中关于中国故事的内容进行系统梳理，并提出高中英语教材讲好中国故事的实现策略。随着中国逐渐走向世界，"讲好中国故事，传播好中国声音"成为塑造新时代国家形象的重要手段（王晓丽、张振卿 2022）。可见，如何融入中华文化对教材编写者和使用者均是一项挑战，这也可能是学界未来的研究热点议题之一。

总体而言，已有研究涵盖了理论框架开发、教材内容分析，以及教学实践探索等方面，并逐渐实现了理论与实践的融合。同时，学者意识到，英语教材应重视目的语文化，但更应回归中华文化，树立文化自信，增强学习者的跨文化交际能力。

3.5 视觉要素

教材插图是教材的核心要素之一，是思想文化的载体，具有趣味性、直观性、生动性、启迪性等特点。已有研究中关于教材中多模态资源，特别是插图这一领域的理论和实践尚不充分（程晓堂、丛琳 2020），且主要聚焦于教材插图的设计与使用（邱韵等 2023；俞良燕 2019）、性别差异（张洁、杨永林 2003）。一方面，有学者提出要重视教材插图的设计原则和其教学使用策略。陈双等（2023）提出了小学英语教科书插图设计的三条原则，分别为审美原则、图文意义一致原则、儿童认知原则，以期为教材插图设计提供参考。教学视角下，王容花、江桂英（2015）基于图文关系系统理论，以人教版小学英语教材故事部分的多模态语篇为语料，剖析其中的图文状态和逻辑语义关系，发现教材中的图文设计符合学生的语言习得与认知发展规律，通过科学互补的多模态符号资源发展小学生外语、心智及思维能力。魏万里（2019）结合苏教版小学英语教材中的具体实例，尝试提出教材插图的四条使用策略：一是结合教学，适时增删插图；二是结合插图，营造语用情境；三是结合插图，构建故事情节；四是结合内容，尝试为文画图。另一方面，较之国外，国内关于英语教材插图的性别现象研究起步晚、成果少，仍有较大发展空间。已有研究主要聚焦于插图性别刻板印象和语言性别歧视现象。张洁、杨永林（2003）通过调查三套小学英语教材，从男女角色比例、男女的职业角色、男女的家庭角色和描述男女的形容词四方面进行定量统计和分析，发现我国小学英语教材仍存在语言性别歧视现象，男女在家庭和职业角色方面存在较严重的失衡现象。陈柏华、陶慧晴（2023）通过从两性数量频次、职业角色、角色行为、杰出人物四个维度对人教版2007年版和2019年版的高中英语必修教材的插图分析发现，两版教材在性别分布上总体较好，但仍存在一些性别刻板现象。性别平等是当今国际社会共同关注的社会问题，教育是促进性别平等的重要手段之一。作为获取信息来源的重要工具，外语教材对于学生的社会化和性别意识起到关键作用。为此，应在教材编写和插图设计过程中注重性别平等的显性和隐性影响，培养学生的男女平等观念。

总体而言，教材插图是教学场域下重要的元素之一，已有研究主要集中于教材插图的设计与使用及性别差异，多为静态的文本内容分析，缺乏动态的教学案例。将来，学界可加强教材分析与教学实践的联系，辅以实证数据阐释教材插图使用，尝试为教材编写者和使用者指引方向。

4 述评与展望

基于上述研究，本节将从研究对象、研究视角、研究内容和研究方法四个维度展开述评，以厘清目前基础英语教材内容研究的现状、特点与趋势，并尝试为未来相关研究提出建议。

从研究对象上看，已有高质量基础英语教材内容研究成果已基本涵盖了小学（李谷平 2003；王洋 2016；张成文 2020）、初中（何舒曼、李庆燊 2013；王昊、刘永兵 2016）与高中（唐霜 2011；杨黎霞 2008；杨吕娜

2022）各学段。相关研究对教材的选取方式较为多样，多样本分析和单一样本分析均有涉及。多样本分析主要是选取国内或国际多本甚至多套教材展开研究，而单一样本分析主要有选取单本教材和教材内的某一章节两种方式，甚至是针对单本教材内的某一单元或篇目进行文本分析，尝试对现有教材"二次开发"，以促进本单元的教学效果和学生的语言学习。

从研究视角上看，现有研究逐渐由单一的语言学视角转向多元视角，包括教育学视角、文化视角和价值取向等，但大多聚焦于某一学科视角，而缺乏跨学科、融合性的视角。进一步分析发现，英语教材作为非母语教材，在发展初期，学者更倾向于注重教材内容是否符合语言学特点，是否能够提升学生的语言技能等。近年来，随着外语课程兼具工具性和人文性的特性逐渐凸显，学者们逐步聚焦于教材中的中外文化内容及其呈现分析，关注教材中承载的课程思政元素。将来相关研究应拓宽英语教材内容研究的视角，增强多学科融合的广度和深度，引领英语教材内容研究走向系统化、多元化。

从研究内容上看，已有研究既关注教材的审美性，又注重教材的实用性，试图从编排设计、语言知识、文化内容、插图等维度提升学生使用英语教材的体验感和满足感。除了教材编排和设计等组织性要素研究，大部分研究注重学生英语学科核心素养的培养，具体包括语言能力、文化意识、思维品质和学习能力四个方面。目前，相较于其他两项，有关英语教材中学生思维品质和学习能力培养的研究仍有较大的发展空间。通过剖析其背后的教材编写逻辑，笔者认为这可能是由于能力类的要素难以直接呈现在教材中，需要一线教师进行解读与教学，以及该阶段的学生心智发展仍不成熟，需要重点打好语言学习的基础。

从研究方法上看，英语教材内容研究通常使用的研究方法主要有内容分析法、比较分析法、批判性话语分析法和多模态话语分析法。其中，内容分析法最为常用，旨在从文化与意识形态层面及教学工具层面对教科书实体文本进行静态探讨（张倩、黄毅英 2016）。倘若样本为多个案例，研究也常会对国内或国际不同教材的文本内容进行比较分析。随着数字教科书及其各类数字语言学习资源的激增，多模态话语分析逐渐成为英语教材内容研究中具有学科特色的研究方法。现代外语教材语篇愈发呈现出多模态特征，其内容不再局限于文字，而是按照共时方式或者按一定顺序融入图画、表格、录音、录像等涉及多种感官的元素（张德禄 2009）。除前文提及的教材插图研究外，有学者分析了英语录音材料，从听觉维度拓宽了教材内容分析的边界

（武桂香 2013）。可见，未来使用多模态话语分析法的研究仍具有较大的发展空间。

　　总之，虽然我国基础英语教材内容研究已取得一定成果，但仍须不断丰富高质量研究成果，提升外语教材建设水平，助力实现外语教育的学科育人价值。基于英语教材内容当前的研究现状及特征，本文就我国未来基础英语教材内容研究提出四点建议，以期为未来相关研究指明方向。第一，研究样本应拓宽取样范围。已有研究中针对某一学段某一版本教材中的部分模块的内容分析，虽然对教材的某一要素或学习者能力提升更具针对性，但对教材的整体认识把控仍有所欠缺，可能难以促进多版本、多学段的有机联动与对比优化。为此，应扩大样本范围，深入剖析不同模块间的联系，加强各版本、不同时期的外语教材间的联动。此外，还可加强与国外基础教育阶段的英语教材的比较分析，扩大样本来源范围，学习他国外语教材的优秀之处。第二，研究视角应跨学科化、融合化。实际上，大部分英语教材内容研究尚未明确具体理论基础或框架，缺乏具有代表性的、典型性的教材内容分析框架，且大多基于单一学科如语言学、教育学等的视角展开研究，缺乏跨学科、多维度、多视角的研究。未来可持续关注国内外相关前沿研究，致力于建构具有学科代表性、符合本国国情的教材研究的理论框架，并结合多学科视角分析教材。第三，研究内容应加强渗透英语学科核心素养。现有早期研究大多关注英语教材中的词汇、语法等静态语言知识，缺乏对学生核心素养与综合能力培养的内容挖掘。未来应加强关注不同学段、不同版本教材及教材中各个要素或模块与学生培养间的深层次联系，重点挖掘并平衡教材中培养学生核心素养的内容，以期在英语教学中实现"教材育人"目标。第四，研究方法应注重多模态分析。已有研究以内容分析法为主，适应时代性的多模态分析法仍远远不够。随着教材的丰富化和信息的数字化，未来研究应充分利用计算机辅助工具辅助量化与质化研究，丰富教材多模态分析单元，以加强学生的多模态语言训练。

5 结语

　　基础英语教材内容研究已成为外语教材建设与教学实践中的重要议题之一。梳理国内教材领域的研究与实践发现，教材定位从过于偏向工具性转向注重工具性与人文性的统一，教材编排从过于关注语言知识转向提倡语言知识的运用，教材功能从过于强调意识形态教育转向凸显以生为本的理念（吴驰、杨蕴恬 2018)。本文分析了当前基础英语教材内容研究的现状、特点与不足，厘清了其发展脉络，建议未来相关研究拓宽样本选取范围，注重跨学科视角，加强渗透英语学科核心素养，创新教材研究方法。这有助于厘清现有英语教材内容研究脉络，助推外语教材建设高质量发展，实现"教材育人"目标。

参考文献

Bose, P. & X. Gao. 2022. Cultural representations in Indian English language teaching textbooks. *Sage Open 12* (1): 1925415414.

Bowen, G. A. 2009. Document analysis as a qualitative research method. *Qualitative Research Journal 9* (2): 27-40.

Cortazzi, M. & L. Jin. 1999. Cultural mirrors: Materials and methods in the EFL classroom. In E.Hinkel (ed).*Culture in Second Language Teaching and Learning*. Cambridge: Cambridge University Press. 196-219.

Davidson, R. & Y. Liu. 2020. Reaching the world outside: Cultural representation and perceptions of global citizenship in Japanese elementary school English textbooks. *Language, Culture and Curriculum 33* (1): 32-49.

Kachru, B.1990. World Englishes and applied linguistics. *World Englishes* (9):3-20.

Kim, S. & J. Paek. 2015. An analysis of culture-related content in English textbooks. *Linguistic Research 32* (1): 83-104.

Moran, P. R. 2009. *Teaching Culture: Perspectives in Practice*. Beijing: Foreign Language Teaching and Research Press.

Yuen, K. M. 2011.The representation of foreign cultures in English textbooks. *ELT Journal 65*:458-466.

陈柏华、陶慧晴，2023，高中英语教材插图性别刻板印象研究——以人教版必修教材为例，《全球教育展望》（3）：96–112。

陈柏华、吴月文，2012，高中英语教材跨学科分析——以人教版必修模块为例，《课程·教材·教法》（4）：49–55。

陈双、李芳、邱韵、刘敏，2023，视觉传达理论中小学英语教科书插图的设计研究，《包装工程》（S1）：505–508。

陈则航、邹敏、苏晓俐，2020，中学英语教材阅读中的思辨能力培养：基于中德两套教材的对比，《外语教育研究前沿》（3）：49–56。

程晓堂、丛琳，2020，英语教材编写中图像资源的设计与使用，《课程·教材·教法》（8）：78–85。

郭宝仙，2020，新时代英语教材的文化使命及其实现路径，《课程·教材·教法》（9）：102–107。

郭宝仙，2022，以学习者为中心的英语教材：特征、表现与启示，《课程·教材·教法》（9）：136–144。

何丽芬，2018，高中英语教材中的中国文化融入现状分析，《教学与管理》（12）：84–87。

何舒曼、李庆燊，2013，我国初中英语教材词汇因素研究——基于三套教材的统计与分析，《教学与管理》（10）：41–43。

黄洁，2008，论现行外语教材中的语用知识渗透，《中国成人教育》（5）：181–182。

李谷平，2003，中西方文化在初中英语教材中的呈现及教学对策，《广西民族学院学报（哲学社会科学版）》（S1）：104–106。

李广超，2022，中学英语校本教材设计：高阶思维的视角，《教育科学研究》（5）：62–66。

廖百秋、周保国，2017，英语教材语篇的批评性语类分析，《社会科学家》（10）：125–129。

柳华妮、於银梅、陈安澜，2022，立德树人目标下英语教材思政育人价值融入研究，《外语电化教学》（5）：18–24。

彭静、王云林，2014，高中英语教科书同话题课文内容难度定量分析——以选修系列"Art（美术）"内容为例，《四川师范大学学报（社会科学版）》（6）：84–88。

邱韵、陈双、李芳、夏滕，2023，视觉设计语法下小学英语教科书图形的设计研究，《包装工程》（S1）：501–504。

任平，2009，新课标角度下英语教材中中国文化意识的缺失——以人教版高中第一册英语教科书为个案，《当代教育科学》（10）：13–16。

唐霜，2011，新旧版高中英语教材文化内容对比分析，《西南大学学报（社会科学版）》（S1）：295–296+303。

王昊、刘永兵，2016，中学英语教材的词汇教学活动研究，《课程·教材·教法》

（10）：75–80。

王鸣妹，2014，新课标九年级英语教材渗透德育的策略，《教育理论与实践》
　　　（14）：42–44。

王容花、江桂英，2015，多模态外语教学：图文资源的整合——以人教版小学英语
　　　教材中故事部分为例，《基础教育》（3）：84–90。

王晓丽、张振卿，2022，国家形象视域下讲好中国故事的双重价值意蕴，《青海社
　　　会科学》（1）：187–193。

王洋，2016，小学英语教材话题适切性的现状分析，《教学与管理》（14）：53–
　　　55。

王战旗、吴欣，2008，英语教材语料库与小学教材词汇分析，《课程·教材·教
　　　法》（6）：53–57。

魏万里，2019，小学英语教材插图的使用建议，《教学与管理》（8）：53–55。

吴驰、杨蕴恬，2018，我国中小学英语教材建设40年，《课程·教材·教法》
　　　（9）：8–13。

吴晓威、陈旭远，2014，高中英语教科书中文化内容研究，《社会科学战线》
　　　（12）：263–266。

吴晓威、鞠墨菊、陈旭远，2014，人教版高中英语教科书母语文化内容的缺失及改
　　　进，《教育理论与实践》，（32）：53–55。

吴宗杰、张迎春，2020，民国时期中小学英语教科书的文化话语分析，《外语教育
　　　研究前沿》，（3）：57–65。

武桂香，2013，英语录音教材内容质量把控初探，《课程·教材·教法》（6）：
　　　62–67。

肖磊、王宁，2021，中国教材分析：历程回顾与未来展望，《课程·教材·教
　　　法》，（10）：42–50。

谢家成，2010a，中学英语教材词汇语料库分析，《外语教学理论与实践》（1）：
　　　55–61。

谢家成，2010b，基于语料库的英语教材虚化动词对比研究——以虚化动词"do"
　　　为例，《外语教学理论与实践》（3）：13–17。

杨冬玲、汪东萍，2022，外语教材思政建设研究：文化分析内容、方法与理论视
　　　角，《外语电化教学》（3）：16–22。

杨黎霞，2008，人教版与师大版高中新课程《英语》实验教材（必修部分）比较，
　　　《教育科学研究》（3）：39–43。

杨吕娜，2022，高中英语教材讲好中国故事策略研究，《课程·教材·教法》（7）：125–131。

俞良燕，2019，例谈以教材插图为支架的小学英语对话教学，《教学与管理》（17）：51–53。

张成文，2020，小学英语教材内容组织的现状及应对，《教学与管理》（2）：70–72。

张德禄，2009，多模态话语理论与媒体技术在外语教学中的应用，《外语教学》（4）：15–20。

张虹、李晓楠，2022a，英语教材文化呈现分析框架研制，《中国外语》（2）：78–84。

张虹、李晓楠，2022b，高中英语教材文化呈现研究，《外语教育研究前沿》（4）：42–52。

张洁、杨永林，2003，小学英语教材建设中的语言性别歧视现象研究，《清华大学教育研究》（S1）：73–76。

张倩、黄毅英，2016，教科书研究之方法论建构，《课程·教材·教法》（8）：41–47。

赵建国、陈秋竹，2019，课程标准词汇在小学英语教科书中的复现研究，《教学与管理》（3）：85–87。

郑燕、陈雪芬，2015，跨文化交际视野下的高中英语教材探索——以人教版必修模块为例，《教学与管理》（7）：43–45。

朱桂荣、费晓东、徐一平，2019，外语教育改革背景下日本初中英语教材育人观的体现研究，《外语教育研究前沿》（3）：28–35+91。

6　初中英语"文化意识培养"教材内容研究：文本分析视角

李东玉[a]　彭玉清[b]

[a]北京外国语大学中国外语教材研究中心/英语学院　[b]佛山市顺德区桂畔小学

提　要： 随着中国与世界的交往日益密切，国家对具有跨文化能力的国际化人才需求愈加迫切。《义务教育英语课程标准（2022年版）》要求培养学生的文化意识，课堂教学是主阵地。英语教材是课堂教学的重要内容载体，其蕴含的文化相关元素会影响学习者个体的语言社会化过程，这也是实现学生文化意识培养的重要媒介。本研究以国内某出版社出版的初中英语教材作为研究对象，采取内容分析法，从文化内容、文化类型和跨文化交际能力要素三个方面展开分析，尝试厘清教材文本与学生文化意识培养之间的关系。研究结果表明：(1) 教材在文化内容、文化类型和跨文化交际能力要素上均呈现出差异化分布情况；(2) 教材中的文化元素内容类型丰富，呈现形式多样，为学生文化意识培养提供了较为充足的条件，同时也存在一定的改进空间。研究进一步尝试探讨英语教材在课堂使用实践对中学生文化意识培养的相关启示与建议。

关键词： 教材文本分析；文化意识培养；初中英语

1　引言

随着中国与世界的交往日益密切，培养符合国家需要的、具有国际视野和人类命运共同体意识、尊重理解文化多样性的国际化人才逐渐成为国家发展战略的重要一环。学校教育在人才培养过程中发挥着不可替代的重要作用。在基础教育阶段培养学生的文化意识具有重要作用。《义务教育英语课程标准（2022年版）》指出，"文化意识指对中外文化的理解和对优秀文化的鉴赏，是学生在新时代表现出的跨文化认知、态度和行为选择"。蒋次美（2018）认为，文化意识的培养，是一个信息积累、内涵理解、观念内化、知行合一的复杂过程，是让学生的知识和品格在感悟和实践过程中不断融合提升的过程。文化意识培养使学习者能够在自尊、自信、自强的价值观引领下传播优秀传统文化，理解运用外来异域文化，从而顺利完成跨文化沟通（陈艳君、刘德军 2016）。

英语课堂是培养学生文化意识的主阵地。一方面，语言与文化相互联系，相辅相成。作为文化的重要载体，语言是文化的重要组成部分。正如语言学家J. R. Gladstone所说，"语言和文化紧密地交织在一起。语言既是整个文化的产物或结果，又是形成并沟通文化其他成分的媒介"（转引自陈品2008：2）。刘宝军（2006）认为，两者的关系主要表现在三个方面：第一，语言反映文化，文化也制约语言；第二，语言和文化之间的关系是部分与整体的关系；第三，语言与文化互为条件、互相依存，它们在互相影响与互相作用中共同发展。然而，现阶段我国外语教学仍以传统的语言知识教育为主，忽视了培养学生的文化意识，虽然一部分英语教师已经认识到文化意识的重要性，但是在教育实践过程中仍然存在较大的偏差，导致外语文化意识培养依然处于无序状态（尚建国2015）。另一方面，Fitriyah（2015）认为外语课堂的目标之一是培养学习者对跨文化问题的意识，以及在各种情况和背景下进行有效和恰当交流的能力。外语课堂能够呈现多元文化，通过角色扮演和情境创设等方式开展教学活动，使学习者感受到本土文化与异域文化之间的差异，从而形成尊重和包容文化多样性的态度。此外，研究发现，相较于高等教育，课堂跨文化教学在基础教育学段效用最佳（秦惠民等2022）。英语课堂能够提供培养学生文化意识的良好土壤和环境。教师要重视文化因素在英语教学中的作用，在教学中适时、有计划、有目的地导入文化知识，这样不仅能够促进语言教学，提高学生英语学习的兴趣，而且能够帮助学生克服由文化差异造成的理解障碍和语用失误，了解目的语文化和本族文化之间的差异，提高对语言的理解能力，从而达到理想的教学目的。因此，培养学生的文化意识和发展学生的跨文化能力，是英语学科课堂教学实践的关键之一。

2　文化意识培养相关研究

通过梳理相关文献发现，已有研究主要聚焦于文化意识的理论探究（康淑敏2010；潘洞庭2007）、外语教学中文化意识培养存在的问题（蒋次美2018；刘宝军2006；王智敏、董艳2020）、文化意识培养的策略与路径（李雪华2007；罗少茜、陈香君2022；夏润亭2011；张安德、张翔2002；赵竑2003）等方面。首先，在理论探究方面，不少学者阐释了文化意识的概念、内容，以及文化意识培养的必要性。例如，石英（2007）基于语言和文化的关系以及外语教学活动，阐明了文化意识的必要性和培养内容，主要有宗教信仰、神话和传说故事、历史事件、文学作品、生活习惯与价值观念等相关词汇以及交际话语。其次，在探究文化意识培养存在的问题方面，已有研究不仅对课堂教学主体和客体展开分析，还结合具体的教学案例进行剖析。例如，刘宝军（2006）阐明了义务教育阶段外语文化教学的现状及存在的问题。研究发现，在教材方面，某些教材未提及文化教学目的，教师用书也大都忽略对英语文化背景的介绍；在教师方面，教师受传统教学理念的影响，过度重视学生语言能力的培养，忽视了文化学习，导致语言与文化的割裂；在学生方面，部分学生学习英语的目的在于应付考试，容易在交际过程中受挫，缺乏内发性的学习动机。蒋次美（2018）以高中英语教学为例，归纳总结了文化意识培养过程中的三个现实困境：缺乏真实的文化情境，即如何在本土文化土壤中生成跨文化教学的有效素材和资源；肢解化的英语教学仍然盛行，即外语课堂工具性和人文性的割裂；传统观念的非理性排异，即外来文化与本土文化的冲突。最后，在文化意识培养策略与路径方面，为更好地培养学生的文化意识，研究者从国家顶层设计到具体的教学实际活动提出了具体的建议。例如，夏润亭（2011）认为培养学生外语综合应用能力主要有两个途径，包括课堂语言知识和文化知识的传授及渗透，以及课外的文化娱乐活动，即第二课堂活动。此外，罗少茜、陈香君（2022）针对外语教学中的主要课型——读写课，结合课堂教学实例提出了更具针对性的四项文化教学原则，包括确定文化目标、选择带有文化内容的阅读材料、确保阅读是为了获取文化内容，以及确保设计与文化有关的活动。因此，教师应该结合课堂教学实际，在教学目标、教学方法与策略、教学过程和教学反思等环节融入文化意识培养，以实现学生核心素养的全面发展。

　　经梳理发现，已有研究大多聚焦于挖掘教材与学习者综合语言能力、语篇意识、思辨能力等方面能力之间的联系。例如，胡明珠（2012）通过结合外研社版高中英语教材案例分析发现，教师有意识地运用文体分析方法分析英语语篇，可以有效培养学生的语篇能力，包括观察、理解和欣赏能力，并有效提高学生的语言交际能力。郭宝仙（2022）结合我国和韩国的英语教材样例分析发现，可从四个方面加强英语教材"以学习者为中心"的特征：第一，加强目标的整体性和内容的一体化，引导学生明确学习预期；第二，增强学习内容的选择性，促进学习的内外衔接；第三，凸显内容间的关联统整，助力学习经验结构化；第四，完善元话语和编排逻辑，调动学生自我的融入与深度学习。可见，学界关注教材在培养学习者能力方面的重要作用，认为教材不仅承载着优秀的传统文化知识和先进的现代科学文化，还传递着新思想和新观念，是教师教学和学习者学习的最重要信息来源。然而，仅有少数研究将教材文本与学习者的文化意识培养联系起来。例如，李华、徐敏（2013）基于对中学英语教材的分析发现，可在词汇、文化和对话等环节发挥任务型教学优势，充分挖掘教材中涉及跨文化交际的内容，从而强化中学生跨文化交际意识的培养。可见，该领域研究仍具有较大的发展空间。在如今多元文化背景下，英语教科书中文化内容的呈现在培养学生文化意识、发展跨文化交际能力方面起着重要作用。正如 Byram *et al.*（2002）所述，外语需要通过目标文化的表征来引入。具体来说，教师通过挖掘教材中一系列文化生活方式和事实信息，使学习者理解目标语文化，并通过与本民族文化进行交流与比较，实现与社会和个人的互动，提升其文化意识。因此，针对初中英语教材的文化内容呈现情况的分析，有助于教师建立系统的文化教学意识，增加学生对多元文化的接触面，以更好地实现学生的文化意识培养。同时，针对英语教材研究与学习者文化意识培养，加强两者之间联系的研究可以更好地发挥教材的工具性，对于培养学生的文化意识具有重要作用。

基于上述研究背景，本文以国内某出版社出版的《初中英语》（七至九年级）的五册教材（下文简称《初中英语》）为研究对象，采取内容分析法，尝试从文化内容、文化类型和跨文化交际能力要素三个方面的呈现情况，考察教材内容是否有助于学生文化意识培养。指导本研究的问题是：

（1）《初中英语》在文化内容、文化类型和跨文化交际能力要素三个方面的呈现情况如何？

（2）《初中英语》是否为培养学生文化意识提供了充分的条件？其优势表现在哪些方面？

3 研究设计

3.1 研究对象与方法

在研究对象方面，选择教科书样本进行研究时，须考虑代表性、可获得性、样本大小和结果的可推广性等问题。本研究以《初中英语》作为研究对象，该版本教材是国家指定的教材之一，其使用范围广泛，具有一定的代表性。

在研究方法方面，本研究采用内容分析法对教材进行分析。正如 Fraenkel（1996）所述，内容指文字、意义、符号、主题或任何可以传达的信息，而文本是作为交流媒介的任何书面、视觉或口语内容。内容分析法以文本材料中的词语、概念或范畴为研究对象，采取定量与定性结合的分析方法，对教材文本内容进行简单的量化分析，客观、系统地统计教材文本中文化相关元素的内容。

3.2　研究过程

研究者梳理现有理论，搭建了本文分析编码框架。本研究中的主要分析指标包含文化内容、文化类型和跨文化交际能力要素三个方面的文化相关元素。基于Cortazzi & Jin（1999）提出的文化内容框架，研究对文化内容的分类包括母语文化、目的语文化、国际目的语文化和全球性文化。同时，借鉴Moran（2009）对于文化类型的分类，本研究中的文化类型包含文化产品、文化实践、文化观念、文化社群、文化个体等五个类别。

研究进一步考察教材内容，分类并归纳教材中的跨文化交际能力要素体现，具体包括知识、态度、阐释与关联、探索与互动以及批判文化意识。根据Byram *et al.*（2002）的观点，跨文化能力的三个关键组成部分包括知识、技能和态度。知识是指特定民族或国家文化的客观事实；技能是指英语学习者在处理文化知识或者事件时的应用能力；态度是指学习者在接触其他文化时，能够保持自己的身份认同，并且尊重其他文化的态度。在外语课堂上，教师的重要任务是向学习者传授文化知识，帮助他们发展跨文化交际能力，形成尊重、平等的多元文化态度和正确的价值观（见表1）。

表1　教材文本内容编码框架

维度	子维度	细则
文化内容	母语文化	指学习者所讲母语的国家的文化，如中国文化、日本文化等。
	目的语文化	指英语是公民母语的国家的文化，如英国文化、美国文化、澳大利亚文化等。
	国际目的语文化	指世界范围内除了英语及英语学习者母语国家的其他国家的文化，如德国文化、意大利文化等。
	全球性文化	指超越国别的普遍性文化。

（待续）

（续表）

维度	子维度	细则
文化类型	文化产品	指为了满足人类生存和发展需要所创造的产品，是最容易认知的文化的物质形态，包括物质产品、建筑和艺术形态，是文化教学最直接的内容。文化产品类型多样，既包括有形产品，如工具、衣服、书面材料、建筑物等，也包括无形产品，如家庭的组成结构、教育、经济、政治、宗教等。
	文化实践	指人类生活和行为方式，例如语言和其他交流形式。这些实践包含节日习俗、行为准则等，如英国的下午茶文化、法国的聚会礼仪等。
	文化观念	指由人创造的抽象物与思维，通常指隐含在文化产品和文化实践中的感知、信仰、价值、态度等，指导着文化产品和文化实践，如儒家思想、名人名言等。
	文化社群	指根据不同的民族、语言、性别、种族、宗教、社会经济阶层等群体划分的文化，是国家/民族等层面的文化，如黑人文化。
	文化个体	指某一文化群体的知名人物，如歌手、艺术家、作家、诗人、运动员、英雄等。
跨文化交际能力要素	知识	包括两个类别：（1）自身国家社会群体及其文化的知识、对方国家的类似知识；（2）个体和社会层面有关交际互动进程的知识。其中，后者涉及交际互动的一些概念和过程，它们是成功互动的基础，但无法自动习得。
	态度	专指面对在文化意义、信仰和行为方面与己不同的人时所表现出的感知，它包含在同自身社会群体或其他社会群体的互动当中。

（待续）

（续表）

维度	子维度	细则
跨文化交际能力要素	阐释与关联	指的是能够解读其他文化的文本或事件，对之加以阐释或将之与本文化相关的文本、事件建立联系。阐释与关联技能必须以相关知识为基础。
	探索与互动	指的是能够从某种文化及文化行为中获取新知识，并能在实时交际中运用相关知识、态度和技能。
	批判文化意识	指的是跨文化交际能力中的"教育"要素。它加入了评论与比较的概念，不仅为了提高交际互动的效果，更是为了明晰自己的思想观点并在此基础上有意识地与其他文化进行接触。这样做的结果未必一定是和谐的交流，有时会产生观念的冲突。

　　根据以上分析框架，研究者对教材内容进行梳理和逐一编码。为提高数据的客观性和有效性，对两名研究者的编码进行了一致性检验，其编码一致率达到80.0%以上。[1]通过统计和分析教材中不同文化类别的频次与比例，尝试归纳教材中文化相关元素的呈现情况与分布特征，以进一步探讨教材中文化相关元素与文化意识培养之间的关联。

4　研究发现

　　在上述分析框架的指导下，本研究对《初中英语》五册共55个单元进行了分析和统计，归纳文化内容、文化类型和跨文化交际能力要素三个方面在教材中的频次及百分比，并根据各方面的呈现情况，进一步分析和讨论教材文化相关元素与学生文化意识培养之间的关联。

---

1. 本文中的百分比统计统一采用四舍五入小数点后取一位的方式。

4.1　《初中英语》中文化相关元素的分布情况

4.1.1　文化内容

文化信息来源在发展学习者的跨文化交际能力中起着重要作用（Yuen 2011）。教材中文化内容的来源对于培养学生的文化意识具有重要影响。如表2所示，表格中的数字代表文化内容在《初中英语》中呈现的频次。下文将从纵向和横向两个方面详细描述研究发现。

表2　文化内容在《初中英语》中的分布频次

文化内容	初中阶段（七—九年级）					总计
	七（上）	七（下）	八（上）	八（下）	九（全）	
母语文化	1	11	12	27	31	82（37.6%）
目的语文化	2	7	18	20	31	78（35.8%）
国际目的语文化	0	5	4	12	7	28（12.8%）
全球性文化	0	5	4	9	12	30（13.8%）

从纵向的文化维度来看，《初中英语》中涉及的母语文化共82次（37.6%）、目的语文化为78次（35.8%），而国际目的语文化和全球性文化分别为28次（12.8%）和30次（13.8%）。这一分布表明以英美为代表的目的语国家文化仍占据主导地位，这与世界其他国家EFL教材的文化相关元素比例不相上下（Bose & Gao 2022；Zhang *et al.* 2022），而其他国家文化（即国际目的语文化和全球性文化）占比最低（Alshenqeeti 2020；Liu *et al.* 2022）。例如，Nurjanah & Umaemah（2019）针对印度尼西亚高中二年级英语教材的文化内容展开分析后发现，该教材中目的语文化占比最大，母语文化次之，国际目的语文化占比最小。值得注意的是，《初中英语》中母语文化与目的语文化的呈现比例基本接近，其中母语文化稍多，这也体现了教材重视并强调中国本土文化意识培养的思想。

从横向的年级维度来看，母语文化、目的语文化、国际目的语文化和全球性文化在《初中英语》中出现的频次大体呈现逐级递增趋势。可见，教材编写团队考虑学习者的认知水平和身心发展特点，在七年级阶段更多地注重学习者听说读写等语言能力的培养与训练，以便顺利实现从小学到初中的衔接。随着学习者语言知识的积累，从八年级开始逐步注重学习者文化知识的储备及运用，从而实现培养学生的核心素养目标。

总体而言，《初中英语》中的文化内容以母语文化与目的语文化为主，并呈现出文化内容逐年递增的趋势。为培养学生的文化意识，教材编写者和教师须平衡不同来源的文化，以丰富学生的文化视野，使其形成多元的文化态度。

4.1.2 文化类型分布情况

通过对《初中英语》的统计发现，该教材涵盖了文化类型的所有方面。如表3所示，表格中的数字代表了文化类型（文化产品、文化实践、文化观念、文化社群、文化个体）在《初中英语》中呈现的频次。其中，文化产品共计117次（53.7%），文化实践65次（29.8%），文化观念26次（11.9%），文化社群和文化个体各5次，占比均为2.3%。针对这一部分文化类型的研究发现将以显性文化和隐性文化进行分类并展开讨论。

表3　文化类型在《初中英语》中的分布频次

文化类型	初中阶段（七至九年级）					总计
	七（上）	七（下）	八（上）	八（下）	九（全）	
文化产品	1	18	24	42	32	117（53.7%）
文化实践	1	8	6	11	39	65（29.8%）
文化观念	0	1	7	11	7	26（11.9%）
文化社群	1	0	0	3	1	5（2.3%）
文化个体	0	1	1	1	2	5（2.3%）

一方面，文化产品、文化社群和文化个体都属于有形文化，指的是学习者容易感知和识别的显性文化（Lee 2009）。显性文化通过丰富的形式呈现在英语教材中，使学习者能够从具有民族或国家文化特色的文本或符号

中感受文化多元性。如表3所示，文化产品在《初中英语》中出现频率最高（53.7%），覆盖的话题范围广，包括食品、文化符号、地标建筑、文学等。然而，文化社群与文化个体出现频率则相对较低（共计4.6%），这与国外现有研究成果一致。例如，Kim & Jiwon（2015）从多元文化角度分析韩国五种初中英语教材发现，教材严重缺乏对社群和个体的呈现，如著名学者、运动员、文学家等可作为代表其他国家不同文化的内容类型。

　　另一方面，文化实践和文化观念属于隐性文化的范畴，如生活方式、传统节日习俗和交际方式等。在《初中英语》中，文化实践（29.8%）占比高于文化观念（11.9%）。教材是构成任何教学计划一部分的隐性课程（Cunningsworth 1995）。因此，作为信息来源之一的隐性文化在语言文化学习中至关重要，其固有的一系列社会和文化价值观可直接或间接地传达给师生。简而言之，教材中的文化观念和文化实践内容能够直接影响学习者的文化态度，并内化为其文化行为。由于隐性文化常常隐含在其他文化内容（如文化产品）中，而非直接呈现，这实际上也愈加考验教师对它的感知与把握，即能否敏锐挖掘教材中蕴藏的隐性文化类型并组织教学活动。另外，相较于文化实践，文化观念的识别和判断存在较强的主观性，故而教学难度更大，对于该部分的呈现占比相对较低。

　　总之，《初中英语》中的显性文化（58.3%）和隐性文化（41.7%）相对均衡，但显性文化占比略高。显性文化中文化产品为主要形式，文化社群和文化个体占比较低。该教材在隐性文化方面体现出的以文化实践为主、文化观念为辅并逐年递增的特征，较为符合学习者文化意识培养难易结合、逐步推进的分布与设计。

4.1.3 跨文化交际能力要素

　　通过对《初中英语》梳理发现，跨文化交际能力要素中各维度的呈现情况如表4所示，表格中的数字代表跨文化交际能力要素（知识、态度、阐释与关联、探索与互动技能、批判文化意识）在《初中英语》中呈现的频次。其中，知识维度的频次最高，达到129次（59.2%）；探索与互动技能为38次（17.4%）；阐释与关联为36次（16.5%）；批判文化意识为8次（3.7%）；态度出现频次最低，共7次（3.2%）。

表4　跨文化交际能力要素在《初中英语》中的分布频次

跨文化交际能力要素	初中阶段（七至九年级）					总计
	七（上）	七（下）	八（上）	八（下）	九（全）	
知识	2	21	18	36	52	129（59.2%）
态度	0	1	1	3	2	7（3.2%）
阐释与关联	0	5	8	8	15	36（16.5%）
探索与互动技能	0	1	11	17	9	38（17.4%）
批判文化意识	1	0	0	4	3	8（3.7%）

　　在《初中英语》中的呈现频率，知识占据主导地位，探索与互动技能次之，随后为阐释与关联，然后是批判文化意识，态度最少。可见，教材中以知识为主的文化事实信息较多，深层次的文化态度与思维的内容较少。具体来说，由于态度和批判文化意识属于隐性文化范畴，因此需要教师挖掘教材中隐藏的文化暗线，并通过教学活动设计体现出来。一方面，倘若教师对教材的文化敏感度或文化教学能力不足，则会出现"重语言轻文化"的现象。据研究发现，在我国英语教学的实践中，绝大部分英语课堂都侧重学生语言能力的培养，而选择性忽视学生的语言文化意识、语言思维品质（尹丽2022）。另一方面，受学习者的年龄特点和认知水平影响，外语课堂通常先注重学习者的语言能力发展，再逐步重视语言和文化的共同发展。此外，据上表可知，各文化维度的出现频次呈现逐级上升的趋势，即随着年级增加，各文化维度的频次增多，这与前文中关于文化内容的研究发现趋势一致。

　　总体而言，《初中英语》中的跨文化交际能力要素以知识为主，探索与互动技能、阐释与关联两者次之，态度、批判文化意识占比最少。教师应加强训练自身的文化敏感度，提升文化教学能力，从而基于基础文化知识挖掘其背后的文化逻辑与思维，做到有效使用教材。

4.2 《初中英语》中文化相关元素与文化意识培养的关系

总的来说，依据学生身心发展特点和学科知识结构呈现，《初中英语》中的文化相关元素对学生的文化意识培养提供了三个条件：一是文化内容的多样性，教材不仅涵盖丰富的目的语文化和本土文化，还有一定比例的其他国际文化，这有助于培养学习者多元、平等的文化态度；二是文化类型的全面性，教材中各式各样的文化类型丰富了学习者文化意识培养的主题内容和形式；三是跨文化交际能力练习的有效性，从知识、技能、态度和批判性文化意识四个方面训练学习者的跨文化交际能力，提升学习者的文化意识水平。

首先，文化内容在教材中的呈现体现出文化意识培养的目标，且来自各国的文化内容有助于学习者在潜移默化中形成多元文化态度。依据前文关于文化内容的统计分析可知，《初中英语》中母语文化和目的语文化比重较大，而国际目的语文化和全球性文化比重较小。《初中英语》由一支聚集了来自中国、美国、英国、澳大利亚等国家的专家队伍编写而成，不仅能够充分展现目的语国家及其他国家文化，还能体现出教材编者团队对我国本土文化的重视。例如，在七年级上册教材 Unit 3: How Do You Get to School? 中的 Section B 文章阅读环节，教材内容讲述了中国边疆乡村地区孩子们上学的出行方式，这能使学习者联系自己的日常出行方式，了解农村地区孩子上学不易，并更加珍惜来之不易的读书机会。这部分内容也使得学习者更直观地了解到我国不同地区文化及社会环境，引发学习者对边疆地区发展的关注。实际上，学习者翻阅教材就是一个接受文化洗礼的过程。母语文化，即中华文化内容占比大，体现出我国外语教育文化意识培养中对本国文化身份的建立以及对学生文化自信培养的重视。另外，通过学习教材中独具民族特色、地道真实的文化素材，学习者学习并充分理解语言承载的文化内涵，真正地了解母语国及目的语国家的生活方式、风俗习惯、宗教、礼仪、价值观等，学习和探讨文化差异，并形成尊重、平等、包容的文化态度。这不仅是为了促进与"一带一路"共建国家的交流与合作，更是为了对外讲好中国故事，塑造良好的中国形象。同时，教材中的世界性文化内容，能够培养学习者体悟不同文化背景的个体思维和行为方式，以平等、科学的态度对待不同文化差异，客观看待文化多元现象。这有利于培养学生的全球公民身份，包括文化意识、开放思想和社会责任。

其次，文化类型的多样化可以丰富学习者文化意识培养的内容和形式。

在《初中英语》中，虽然文化类型各维度的分布略欠均衡，但基本涵盖了生活中方方面面的文化话题，包括传统节日、主题公园、卡通人物、文学作品、文物古迹、音乐、旅游景点、礼仪习惯等。《初中英语》不仅包括具有代表性和符号性的显性文化产品，如凝聚某个民族或宗教知识的文学作品，还有蕴含在文化产品或文化实践中的代表观念层面的隐性思维方式等。教材中的插图、语篇甚至指令语承载着文化意义，能够间接地培养学习者的文化意识。例如，插图"饺子"在中华文化中代表阖家团圆，使学习者能够结合日常生活了解中华传统节日习俗；大象在泰国是国宝，它使学习者联想到中国国宝——熊猫，使学习者在国际交往的过程中能够调动文化知识，尊重他国的文化。此外，《初中英语》中的语篇具备得天独厚的文化意识培养的要素，包括词汇及其承载的文化意义等，这对于培养学生的文化意识具有重要作用。石英（2007）认为，可从词汇和交际话语两个方面展开学生的文化意识培养。例如，在九年级教材 Unit 3: Could You Please Tell Me Where the Restrooms Are? 中的 2d: Role-Play the Conversation 对话，表明了中国人与外国人在使用英语表达洗手间时存在差异，中国人更多使用 toilet/washroom，而英国人使用 restroom，这表明中外在语言使用和交际中存在文化差异，使学习者能够从教材中学到与外国友人得体交往的知识。为此，英语教师也应该积极开发图片、词汇、语篇、交际活动等的作用，通过听、说、写等多种形式培养学生的文化意识。

最后，教材中跨文化交际能力要素的有效性训练直接影响学习者的文化意识水平和跨文化能力。据统计分析可知，教材中知识出现频次最高，探索与互动技能次之，阐释与关联位于第三，批判文化意识和态度最少。可见，编者在教材编写过程中更注重对学习者文化知识的构建，对文化知识的运用训练较少，文化态度和观念方面的培养则更少。因此，在使用教材的过程中，一线教师须发挥创造性能力，在挖掘教材中的跨文化交际能力要素的基础上，适当地删减或补充相关的文化教学内容，从而提升学习者的跨文化能力。例如，在授课九年级教材中的嫦娥奔月故事时，一位参研教师首先将教材中的故事呈现出来，随后通过听力的形式呈现另一个版本的嫦娥奔月的故事，让学生发现两个版本之间的不同点，并引导学生思考两者之间哪个更为合理。这从思维层面训练了学习者的批判文化意识，引导其客观、辩证地看待两者间的差异。可见，教师能否创造性地使用教材中的文化内容是培养学习者文化意识的最直接因素。该参研教师通过呈现两个不同版本、不同形式的嫦娥奔月故事，既训练学习者的听读能力和丰富其文化视野，又引发了学习者的理性思考与判断，进而培养学生的批判性文化意识，能辩证地、理性客观地看待日常生活中的文化现象或文化事件。

综上所述，教材中的文化相关元素及其教学活动设计影响学习者的文化意识培养。值得注意的是，学习者文化意识水平的发展呈现逐级递增的特征，即教材中文化相关元素随着年级的增加而增加。这实际上是依据学习者的认知发展水平和年龄增长而逐渐扩展文化知识的广度和深度，增强学习者的文化敏感度和鉴别能力。这实际上也符合 Hanvey（1979）所提出的四个逐级递升的跨文化意识层次：第一层次指学习者可以通过旅游、杂志、教科书等对表面的、明显的文化特征或文化现象有所了解，但受认知约束认为它奇特而不可理解；第二层次指通过某些文化冲突的场合，了解与自己文化明显不同的某些有意义的但却微妙的文化特征，但仍然不理解；第三层次指通过理性的分析了解微妙而有意义的文化特征，从认知的角度认为可以理解；第四层次是通过深入体验其文化，学会设身处地从当地人的观点看问题，达到视其所视、感其所感的理解。例如，在九年级教材 Unit 10: You're Supposed to Shake Hands 单元学习各国的见面礼仪一课中，由于多重因素，跨文化意识层次较低的学习者可能仅了解中国流行握手礼，法国流行贴面礼，而跨文化意识层次高的学习者会通过理性分析，理解法国人受自由主义影响，属于外向型、亲热型性格，他们践行的是贴面礼，而中国人受传统儒家文化影响，通常性格较为含蓄，崇尚的是握手礼仪。通过教材及课堂教学，学习者不仅能够了解目的语国家的一些礼仪文化，也能够理解其背后所蕴藏的文化寓意，在之后的交往实践活动中能够得体、有效地处理跨文化交际问题或避免文化冲突。

5　结论与启示

当学生置身于一个文化丰富的环境中，并在其中内化不同文化的规范时，其跨文化交际能力才能得到提升（Scollon *et al.* 1995）。教材承载的文化元素为有意义的内容、学习材料和课堂讨论提供了重要的素材基础，有助于培养和提升学习者的文化意识。因此，分析英语教材汇总的文化相关元素的呈现情况，有助于深入理解教材内容如何更好地服务于学生文化意识的培养。

基于对《初中英语》的分析，本研究发现教材中的文化内容、文化类型、跨文化交际能力要素三个方面基本满足学习者文化意识培养条件，但存在差异化分布现象。具体来说，首先，在文化内容方面，母语文化和目的语文化占比较大，而国际目的语和国际文化来源的内容占比较小，存在不平衡现象。为了充分发挥外语工具性和人文性的作用，实现学习者的学科核心素养，不仅要丰富这些内容，更要平衡好各个维度的文化内容，既要增强学习者对本土文化的认同感和归属感，使学习者能够用外语更好地讲好中国故事，更好地实现与不同文化背景的人的有效、合理的人际交往，也要通过补充多国文化或世界文化内容以培养学习者对全球公民身份的责任感，以更为开放、包容、平等的态度对待多元文化。其次，在文化类型方面，文化产品和文化实践占比大，而文化观念、社群和个体占比小。个体作为社会文化组成的主体，是一种特殊文化的代表，可作为发展学习者语言能力和跨文化交际能力的重要培养路径之一。对此，应平衡各种文化类型的内容，通过添加更多符合时代发展的先进理念、社会群体和杰出个人，使学习者能够从生活当中获取参与课堂学习的更为熟悉的素材，并以此展开文化话题，培养文化意识。最后，在跨文化交际能力要素方面，知识占比最大，探索与互动技能、阐释与关联两者占比次之，而态度和批判文化意识占比最少。教师在培养学生的文化意识方面发挥着重要作用，由于教材中呈现的更多是文化知识，这就需要教师基于这些文化内容挖掘课堂教学的文化要素，从而培养学生的文化意识。基于上述分析，笔者认为《初中英语》为学习者文化意识培养提供了较为充分的条件。在文化内容方面，教材中提供了多样的文化内容，包括目的语文化、本土文化和其他国际文化，这有助于培养学习者多元、平等的文化态度。在文化类型方面，教材中全面的文化类型涵盖各式各样的文化主题内容和形式，有助于学生文化意识培养。在跨文化交际能力要素方面，从知识、技能、态度和批判性文化意识四个方面训练学习者的跨文化交际能力，能够直接提升学习者的文化意识水平。

　　为了提高学生的文化意识和跨文化交际能力，本研究尝试提出以下三点建议。首先，教材编写者应该将体现文化多样性的内容融入教材，且适当平衡各个文化类别的文化内容，增加具有民族或国家文化符号等文化社群及文化个体内容，以使学习者能够理解、构建更多的跨文化知识，在实际交往中能够调用这些知识储备。正如 Nomnian（2013）所说，由于跨文化交际已成为 21 世纪的一项必要技能，英语教材的设计应提供跨文化问题，允许学生在学习英语的同时进一步讨论本国与他国文化。其次，教育部门及学校可适当增加关于教材解读和文化教学的相关培训及教学研讨，以提升教师的文化教学能力，还应该为学习者文化意识发展提供机会，如举办一些中外文化周、用外语讲好中国故事等比赛与活动，从而营造一个良好的文化氛围，引导学习者尊重并包容文化差异，形成平等的文化态度。最后，一线教师应重视学生的自主性和能动性，通过挖掘教材中的文化内容，设计符合学生最近发展区的教学内容，引导学习者主动汲取文化知识，学习文化技能。这要求教师具备高水平的跨文化教学能力，为此，教师应该通过参加文化专题培训、体验目的语国家的文化等方式提升自身的文化敏感度和文化教学能力。

参考文献

Alshenqeeti, H. 2020. Representation of culture in EFL textbooks and learners' preference. *Pedagogy: Journal of English Language Teaching 7* (2):127-135.

Bose, P., & X. Gao. 2022. Cultural representations in Indian English language teaching textbooks. *SAGE Open 12* (1):1-11.

Byram, M. 2020. *Teaching and Assessing Intercultural Communicative Competence: Revisited.* Bristol: Multilingual Matters.

Byram, M., B. Gribkova & H. Starkey. 2002. *Developing the Intercultural Dimension in Language Teaching: A Practical Introduction for Teachers.* Strasbourg: Council of Europe.

Cortazzi, M. & L. Jin. 1999. Cultural mirrors: Materials and methods in the EFL classroom. In E. Hinkel (ed.). *Culture in Second Language Teaching.* Cambridge: Cambridge University Press. 196-219.

Cunningsworth, A. 1995. *Choosing Your Coursebook.* London: Heinemann.

Fitriyah, L. 2015. An analysis of culture on the reading material textbook in the second grade junior high school. *English Language Teaching Perspective 3* (2) :340-351.

Fraenkel, J. 1996. *How to Design and Evaluate Research in Education* (3rd ed.). New York: McGraw-Hill.

Hanvey, R.G. 1979. Cross cultural awareness. In L. F. Luce & E. C. Smith (eds.). *Toward Internationalism: Readings in Cross-Cultural Communication.* Rowley: Newbury House Publishers. 6-56.

Kim, S. & P. Jiwon. 2015. An analysis of culture-related content in English textbooks. *Linguistic Research 32* (Special Edition): 83-104.

Lee, K-Y. 2009. Treating culture: What 11 high school EFL conversation textbooks in the South Korea. *English Teaching: Practice and Critique* 8(1): 76-96.

Liu, Y., L. J. Zhang, & S. May. 2022. Dominance of Anglo-American cultural representations in university English textbooks in China: A corpus linguistics analysis. *Language, Culture and Curriculum 35* (1): 83-101.

Nomnian, S. 2013. Thai cultural aspects in English language textbooks in a Thai secondary school. *Veridian E-Journal 6* (7): 13-30.

Nurjanah, I. & A. Umaemah. 2019. An analysis of cultural content in the textbook "pathway to English" for second grade in senior high school. *ELT Echo 4* (1): 83-92.

Scollon, R., W. S. Suzanne, & H. J. Rodney. 1995. Intercultural communication: A discourse approach. *TESOL Quarterly 30* (2): 366-368.

Yuen, K-M. 2011. The representation of foreign cultures in English textbooks. *ELT Journal 65* (4): 458-466.

Zhang, H., X. Li, & W. Chang. 2022. Representation of cultures in national English textbooks in China: A synchronic content analysis. *Journal of Multilingual and Multicultural Development*, DOI: 10.1080/01434632.2022.2099406.

陈品，2008，关于大学英语教学中文化教学的思考，《首都师范大学学报（社会科学版）》（S2）：1–4。

陈艳君、刘德军，2016，基于英语学科核心素养的本土英语教学理论建构研究，《课程·教材·教法》（3）：50–57。

郭宝仙，2022，以学习者为中心的英语教材：特征、表现与启示，《课程·教材·教法》（9）：136–144。

胡明珠，2012，运用文体分析方法提高学生语篇能力——以外研社版高中教材为例，《教学与管理》（36）：128–129。

蒋次美，2018，高中英语教学中文化意识培养的困境与路径，《教学与管理》（22）：60–62。

康淑敏，2010，外语教育中的文化意识培养，《教育研究》（8）：85–89。

李华、徐敏，2013，中学生跨文化交际意识的培养——基于中学英语教材的分析，《教学与管理》（21）：71-73。

李雪华，2007，英语教学中学生文化意识的培养，《福建论坛（人文社会科学版）》（S1）：200-201。

刘宝军，2006，论新课程标准下外语学习者文化意识的培养，《陕西师范大学学报（哲学社会科学版）》（S1）：377-381。

罗少茜、陈香君，2022，外语教学中的文化意识培养，《英语学习》（6）：37-41。

潘洞庭，2007，文化意识与外语教学，《外语学刊》（6）：141-143。

秦惠民、李东玉、李响，2022，课堂跨文化教学对学生跨文化能力培养的效用研究———项基于国内外26篇定量文献的元分析，《湖南师范大学教育科学学报》，21（6）：97-104。

尚建国，2015，外语教学中文化意识培养的实践与反思，《内蒙古师范大学学报（教育科学版）》（2）：123-125。

石英，2007，外语教学中文化意识的培养，《西南民族大学学报(人文社科版)》（S1）：304-307。

王智敏、董艳，2020，后方法视域下英语教学文化意识的培养，《教学与管理》（36）：98-100。

夏润亭，2011，外语教学中文化意识培养的策略，《教学与管理》（18）：137-138。

杨冬玲、汪东萍，2022，外语教材思政建设研究：文化分析内容、方法与理论视角，《外语电化教学》（3）：16-22+104。

尹丽，2022，基础教育课程改革与核心素养英语教学研究，《中国果树》，222（4）：111。

张安德、张翔，2002，论外语教学的文化意识培养与文化导入，《外语与外语教学》（6）：25-27。

赵竑，2003，初中英语教学中学生文化意识的培养，《教育评论》（4）：118-119。

7　高中英语教材读写板块的思维品质培养：基于国内三套教材的文本分析

李东玉[a]　魏滟欢[b]

[a]北京外国语大学中国外语教材研究中心/英语学院
[b]北京外国语大学国际教育学院

提　要： 思维品质是英语学科核心素养的重要组成部分，教材是培养学习者思维品质的重要资源。依据《普通高中英语课程标准（2017版）》中关于思维品质的界定、水平等级划分与布鲁姆教育认知目标，本文将教材中培养思维品质的活动任务分为辨识、分析、评价和创新四大类，再采用文本分析法对我国三套教材读写板块进行编码、梳理与分析，发现国内三套教材读写板块的思维训练占比多，重视思维品质培养。其中，三套教材最为重视学习者辨识理解文本材料，但辨识类活动设计与文化意识的结合稍有不足；分析类活动占比不多，不同版本教材考查内容各有不同侧重；评价类活动和问题占总体读写活动的比重较小，尤其缺少引导学生开展论证式评价的活动，指导学生开展评价的指标类型也较为单一。考查学习者创新思维的活动都集中在写作任务部分，特点是贴近现实生活，注重对学习者思维过程的指导。

关键词： 思维品质；高中英语教材；读写板块；文本分析

1　引言

　　培养学习者的思维品质是发展智能、培养能力的突破口（林崇德2019），也是落实立德树人根本任务的重要一环。思维品质是英语教学领域的新风向标，《普通高中英语课程标准（2017版）》（下文简称《课标》）首次将思维品质明确列为英语学科核心素养的重要组成部分，进一步强调英语学科的育人价值，体现英语学科兼顾工具性与人文性两者平衡，重视学习者语言学习和思维发展的有机结合。《课标》具体阐释了思维品质的定义，指出"思维品质是思维在逻辑性、批判性、创新性等方面所表现的能力和水平。思维品质体现英语学科素养的心智特征。思维品质的发展有助于提升学习者分析和解决问题的能力，使他们能够从跨文化视角观察和认识世界，对事物做出正确的价值判断"。《课标》对思维品质的逻辑性、批判性和创新性三个级别，按照辨识与分类、分析与推断、概括与建构、批判与创新等四个层面做了具体的内容描述（梅德明、王蔷 2020：72），还指明了思维品质的发展目标，包括辨析语言文化现象，梳理、概括信息，分析、推断逻辑关系，评判观点，创造性地表达观点和具备多元视角等。

教材是教师教学和学习者学习的重要内容和手段，也是培养学习者思维品质的重要资源。因此，英语教材的内容选择和教学活动设计都应有利于发展学习者的思维品质（徐锦芬等 2015；中华人民共和国教育部 2018）。我国传统中学英语教材较为强调语言技能的培养，忽视了思维活动的开展（崔琳琳 2013），思辨任务类型较为单一，欠缺质询和评价能力的内容类型（陈则航等 2020）。自《课标》颁布以来，我国大多数出版社依据其指导思想和具体要求出版或修订了一系列高中英语教材。其中，读写结合、指向思维品质培养的新课程理念已经渗透到教材编写中（赵勇等 2022）。例如，人民教育出版社 2019 年出版的《普通高中课程标准实验教科书 英语》的每个单元涵盖 Reading for Writing 板块；北京师范大学出版社 2019 年出版的《普通高中教科书 英语》设有 Read for Writing 板块；外语教学与研究出版社 2019 年出版的《普通高中英语教科书 英语》（新标准）增设 Developing Ideas 板块，其中写作任务也是"读写结合"模式。目前，师生对这批教材的理解和使用仍处于初步探索阶段，急需研究者深入分析、提供有针对性和现实意义的教材使用与编写建议，从而协助培养学习者的逻辑性、批判性和创新性思维品质。

充足的阅读是思维品质发展的原材料，没有信息输入，就没有思维发展的基础。阅读不是被动接受作者观点、背诵文本内容的过程，而是解释、评价、质疑和审视的过程，包括提出假设、找出问题、进行验证、通过辩证思考推导出符合逻辑的结论等（王牧群、白彬 2011）。从《课标》中可见，阅读过程可划分为三个层次，分别为表层理解（literal comprehension）、深层理解（inferential comprehension）和评价性理解（critical comprehension）。表层理解即对阅读文本主旨大意的提炼和对重要信息的辨识；深层理解是理解作者的立场和写作意图等；评价性理解则是根据文本结构、内容和观点等，提出自己的见解和想法（梅德明、王蔷 2020：128）。

写作与思维的联系也尤为密切，二者相互依存，相辅相成。写作不是机械性地套用句型和照搬模板，而是综合性运用语言文字符号以表达思想感情、传递知识信息、实现沟通交流的创造性脑力劳动过程（赵勇等 2022）。学习者在写作过程中要收集、甄别和遴选材料，确认写作目的，规划文章框架和布局，概括、分析、综合语言知识和信息，以及反思和评价写作成果。写作各步骤都涉及不同层次和不同类型的思维活动，可以激发学习者思维潜能（程晓堂 2018）。

因此，阅读与写作过程正是锻炼学习者思维、培养学习者思维品质的过程。读写活动有助于学习者思维品质的发展，具备较好的思维品质也有利于学习者进行高效的读写训练，二者相互促进，协同发展。然而，梅德明、王蔷（2020：71）指出，现有英语教材对思维训练不够重视，语篇理解活动和问题设计大多局限于对表层信息的获取，以及零碎的主题判断和简单的深层意义推断，为学习者设计的思维训练缺乏系统性。从现有研究来看，针对英语教材思维品质培养的研究多集中于阅读教学板块，关于教材其他板块如写作、口语表达等方面思维品质培养的相关研究较少。另外，大多数研究只选择批判性思维维度进行研究，没有涵盖思维品质的逻辑性和创新性，对教材思维品质培养的探究分析不够全面。鉴于此，本文聚焦于新版高中英语教材的读写板块，探讨国内三套教材如何培养和发展学习者的思维品质。

2 研究设计

本研究聚焦于国内三套普通高中英语教材（必修1—3册），分别来自三个不同出版社同于2019年出版的教材（下文分别简称A出版社教材、B出版社教材、C出版社教材）。三套教材均根据《课标》修订编写，重视语言和思维的协调发展，均获得过全国优秀教材奖。由于本研究关注读写活动和问题设计，笔者只选取了教材的读写板块进行分析。

研究步骤为先制定编码框架，然后运用文本分析法进行编码分析，总结特征。首先，笔者依据《课标》中关于思维品质的界定、水平等级划分与布鲁姆教育认知目标，结合阅读和写作教学特点，建构了适用于分析英语教材读写板块的思维品质编码框架，并详细描述了所要考查的思维品质的具体表现（见表1）。其次，笔者再分析教材中的读写活动与问题设计对应的思维层级水平，将其编码并转化为统计数据。为确保内部一致性，两名研究者随机抽取一册教材进行信度检验，一致率为83%[1]，显示出较好的内部一致性。不一致的编码经讨论后达成共识，并完成其余编码。最后，通过运用文本分析

---

1. 本文中的百分比计算统一采用四舍五入取整数的方式。

法，总结分析三套高中英语教材中思维活动的编排与内容特征，以期展示高中英语教材读写板块思维品质培养的现状。

表1 高中英语教材读写板块思维品质培养分析框架

思维品质	具体表现	例子
辨识	识别阅读材料中的事实信息	What happened in her physics class?
	辨识和比较材料中语言和文化的具体现象	What symbolic meaning does the red-crowned crane have in Chinese culture?
	识别书面表达句型、词汇和语篇衔接知识	Underline the words and phrases used to express emotion in the email and then complete the sentences below.
分析	分析阅读材料主旨大意，文本中的现象、人物和行为等	What is the meaning of "breathe in the sweet scent of fresh flowers while birds greet the new day with their morning song"?
	分析阅读材料的作者态度、情感和价值观，写作目的	What is the purpose of the letter?
	分析材料文本特征，作者写作文体、结构和手法	Is the style of email formal or informal? Can you find some examples?
	分析写作任务	You are going to write a survey report on environmental protection for the residents in your city or town. What should be included in a survey report? Discuss your ideas in pairs.

（待续）

（续表）

思维品质	具体表现	例子
评价	评价文本内容、观点结论、人物、事件或方案等，并提供原因或证据	In your opinion, which poster is more effective? Why?
	针对已获取的观点，提出具有批判性的问题，辨析和判断观点的价值，形成自己的观点	What do you think of the author's view?
	评价他人写作，指出不足之处	Exchange drafts with a partner. Use the checklist to help each other revise the drafts.
创新	根据文本材料提出创新性观点	What other kinds of advice would you give?
	完成创造性写作任务	Complete an outline of your profile based on Activities 3 and 4.

3　研究发现

　　本部分内容为研究发现的呈现与讨论。笔者先从整体视角分析三套教材的读写任务对思维品质的培养现状，再分述辨识、分析、评价和创新四类任务的分析结果与特点归纳。

3.1　整体研究发现：思维训练占比多，重视思维品质培养

　　A出版社教材共包含101个读写活动和问题，其中83个与思维品质培养有关（82%）；B出版社教材共包含134个读写活动和问题，其中108个与思维品质培养有关（81%）；C出版社教材共包含82个读写活动与问题，其中68个与思维品质培养有关（83%）（见表2）。由此可见，三套教材在设计读写活动任务时，都关注到了对学习者思维品质的培养，符合《课标》对学习者思维品质核心素养的培养要求，并且考虑到处于高中教育阶段学习者的认

知水平，思维训练占比较大。

表2　三套教材培养思维品质的读写任务整体比例分布

册次	A出版社教材	B出版社教材	C出版社教材
必修一	79%	70%	80%
必修二	83%	85%	82%
必修三	83%	88%	84%
总体	82%	81%	82%

　　同时，三套教材都注重按照学习者的认知规律，循序渐进地增加思维训练的比重，内容逐渐扩展加深，螺旋式上升。从读写任务主题设置上可知，读写难度在逐级递增，思维训练强度也随之逐渐加深。从必修一到必修三，在A出版社教材中，读写主题从日记、说服信和电影评论过渡到议论短文、传记和实验报告；B出版社教材读写主题从推荐信、博客和旅行计划写作过渡到叙事文、议论文和戏剧写作；C出版社教材读写主题从个人邮件、故事写作和事件描述到概括短文、调查报告和学习反思。

　　就各级思维品质培养而言，辨识类和分析类活动在三套教材思维品质培养活动中的比重均较大，评价类活动占比较小（见表3）。辨识类、分析类和评价类活动集中在阅读材料部分，要求学习者获取作者直接和间接表达的信息、写作常用句型和相关单词表达，归纳总结文本主旨大意，分析写作结构、文体和手法，理解作者表达的深层情感、态度和价值观，以及依据文本内容提出自己的独特见解和观点。准确理解和分析文本材料有助于为书面表达部分做准备，协助学习者思维从低阶走向高阶，整个过程呈现出由浅入深的特点。然而，阅读材料部分的活动和问题设计多为辨识文本的事实信息，浅层分析文本中的现象、人物和行为等，学习者不需要花费太多时间和精力去思考便可以得出答案。而要求学习者针对文本观点提出批判性问题或想法的评价类活动出现断层，占总体写作活动比重较小。总体而言，在阅读文本材料部分，能提升学习者高阶思维品质的有效问题不够充足，难度等级区分度不够明显。

表3　辨识类、分析类、评价类和创新类活动在写作活动中的比重

任务类型	A出版社教材	B出版社教材	C出版社教材
辨识类	29%	37%	28%
分析类	14%	13%	32%
评价类	8%	16%	11%
创新类	31%	14%	11%

　　创新类活动集中在书面表达部分，要求学习者根据任务具体指令完成写作，如根据自己真实经历写日记、博客和邮件等，或者针对阅读材料和阅读主题写新闻报告和议论文等，主要考查学习者的语言组织能力、学习能力、想象力和创造力，这些都是创新性思维的体现。此外，三套教材均在书面表达部分提供具体步骤指令引导学习者构建写作大纲，梳理写作思路，有利于同时提升学习者的创新性思维与逻辑性思维。例如，B出版社教材必修第一册第三单元提供明确的写作步骤指令语，要求学生首先陈述写作话题和背景信息，再按照时间顺序描述如何改变和为什么改变，改变后的直接结果以及对生活的改善，最终完成短文写作（见图1）。

3　Write a short paragraph to describe and explain your changes.

- Start with a general statement about the topic and your situation.
- Tell the reader about how and why you changed or want to change.
- Describe the changes and compare the (possible) results.
- Tell the reader how the changes have improved or will improve your life.

图1　B出版社教材必修第一册第三单元写作任务指令语

3.2 辨识类活动特点归纳：强调辨识文本信息，文化相关内容涉及较少

　　辨识类活动是三套教材最重视的活动类型。整体上三套教材最为关注"识别阅读材料中的事实性信息"，其次是"识别书面表达句型、词汇和语篇衔接知识"，最后是"辨识和比较材料中语言和文化的具体现象"（见表4）。由此可见，辨识类活动的主要目标是引导学习者掌握行文内容，为接

下来的深层分析和书面表达做充足准备。关于写作句型和语篇衔接知识，B出版社和C出版社教材在固定栏目整理了相关表达为学习者提供帮助，同时也设计了让学习者识别适用的写作句型和词汇表达这类任务。例如，B出版社教材必修第一册第一单元的写作主题为写一封建议信，其中一个写作活动为 What expressions does Ms. Luo use to make suggestions? Circle them in the letter.，要求学习者基于阅读材料的文本信息，圈点出关于提建议的表达，引导学习者向更深层次的学习活动推进，触动学习者逻辑性思维。A出版社教材未设计类似任务，而是直接设置栏目 Useful Expressions 为学习者提供写作句型。此外，《课标》对思维品质目标的界定明确包括要求学习者"能辨析语言和文化中的具体现象，梳理、概括信息"，写作活动要求学习者关注文本材料中与文化意义相关的习语、成语、习惯表达等语言现象，有利于鼓励学习者形成多元思维，能够用辩证的眼光看待世界文化与本国文化。然而，三套教材的写作活动与问题设计鲜少涉及辨识和比较文本材料中的文化和语言具体现象，对多元思维的培养有待加强。

表4　各类别活动在三套教材培养思维品质读写活动中的比例

活动类别	A出版社教材	B出版社教材	C出版社教材
辨识类活动			
识别阅读材料中的事实性信息	27%	27%	24%
辨识和比较材料中语言和文化的具体现象	1%	1%	0%
识别书面表达句型、词汇和语篇衔接知识	0%	9%	4%
分析类活动			
分析阅读材料主旨大意，文本中的现象、人物和行为等	8%	7%	2%
分析阅读材料的作者态度、情感和价值观，写作目的	3%	2%	0%

（待续）

（续表）

活动类别	A出版社教材	B出版社教材	C出版社教材
分析材料文本特征，作者写作文体、结构和手法	4%	4%	15%
分析书面表达任务	0%	0%	16%
评价类活动			
评价文本内容、相关人物、事件或方案等，并提供原因或证据	8%	5%	0%
针对已获取的观点，提出具有批判性的问题，辨析和判断观点的价值，形成自己的观点	0%	0%	0%
评价他人的写作，指出不足之处	0%	11%	11%
创新类活动			
根据文本材料提出创新性观点	1%	1%	0%
完成书面表达任务	30%	13%	11%

3.3 分析类活动特点归纳：整体占比不高，分析内容各有侧重

　　分析类活动强调引导学习者对文本内容进行深度解读，包括作者想表达的间接信息、写作目的、态度、情感和价值观，以及语言特点、行文结构和写作手法等。此类活动通过发现、归纳和提炼的方式帮助学习者透过文本看内涵，透过现象看本质，以此实现学习者对文本的多角度和深度认识，积累写作语言素材和写作思路，为写作任务做铺垫。其中，分析书面表达任务较为特殊，主要指引学习者梳理写作信息，思考并厘清写作主题和框架。出于教材编写者对《课标》的不同解读和考虑，A出版社教材和B出版社教材最关注"分析阅读材料主旨大意，文本中的现象、人物和行为等"，其次是"分析材料文本特征，作者写作文体、结构和手法"，没有涉及分析书面表达任务的相关活动和问题。而C出版社教材则将重点放在

了"分析书面表达任务"和"分析材料文本特征，作者写作文体、结构和手法"，对文本材料主旨大意、细节以及作者深层次情感和写作目的等的分析任务较少（见表4）。

另外，三套教材的分析类活动和问题设计整体占比不高，难度较低。以"分析材料文本特征，作者写作文体、结构和手法"为例，虽然教材的写作活动和问题都要求学习者辨别并分析文本特征和行文结构并提供相关依据和缘由，但只进行了一些浅层的探讨，缺乏深度。例如，在C出版社教材必修第一册第一单元中，某问题为Is the email formal or informal? Why is it written this way?，学习者需要分辨邮件风格是正式的抑或是非正式的，并指出采用这种风格的原因。虽然这类问题可以培养学习者的分析能力，但难度较低，不能引发学生对文体进行充分的思考。

3.4 评价类活动特点归纳：论证式评价较少，评价指标设置单一

评价是指基于一定标准对思维过程和结果的可信度和逻辑性做出判断和评估，包括假定前提、论证过程和结论观点等（Facione 1990；文秋芳等2009）。学习者对他者的论证过程做出评价和反驳，并能运用多种论据论证己方观点，是逻辑性思维和批判性思维的重要表现（陈则航等 2019）。《课标》在思维品质素养第三（最高）级别的界定中指出，学习者应能"针对各种观点和思想的假设前提，提出合理的质疑，通过辨析、判断其价值，做出正确的评价，以此形成自己独立的思想"。可见，评价能力是思维品质中较为重要的部分，评价类活动也是培养学习者思维品质的有效途径。

评价类活动在两套教材中的占比均较低（见表3），且类型单一（见表4），三套教材的写作活动均未涉及针对已有观点做出判断和评论。A出版社教材的评价类活动集中在阅读文本部分，即"评价文本内容、相关人物、事件或方案等，并提供原因或证据"；C出版社教材则集中在"评价他人的写作，指出不足之处"；B出版社教材以上两类均有涉及。

三套教材的"评价文本内容、相关人物、事件或方案等，并提供原因或证据"类型活动中主要为学习者以个体感受为标准对文本内容进行评估，缺少客观标准作为依据。例如，在A出版社教材必修第一册第四单元中，学生在阅读完Bob出狱之后的故事后，要对故事的结尾进行评价并给出理由：Do you like this ending? Give your reasons.。虽然此类问题能够引发学习者的思考，但由于评价标准较为主观，对学习者思维的锻炼不够深入（见表5）。

表5 "评价文本内容、相关人物、事件或方案等，并提供原因或证据"具体活动和问题设计

A出版社教材	B出版社教材
Do you like this ending? Give your reasons. Which event would you most like to attend? Why? Which of the experiences appeals to you most and why?	Which profile do you like better? Why? In your opinion, which poster is more effective? Why? What in your opinion is the most impressive thing about the festival?

　　"评价他人的写作，指出不足之处"类型活动即同伴写作互评反馈，有助于培养学习者的批判性思维和逻辑性思维，以及分析问题和解决问题的能力，同时丰富学习者的认知图式，帮助学习者提高信息输出质量（白丽茹2012）。B出版社教材提供了检查表供学习者评价他人的写作作品，评价条目包括主题和内容、行文结构和组织、表达和呈现等，例如在B出版社教材必修第二册第三单元中，写作板块的评价检查表列有：（1）作者是否告诉读者他/她对该主题的了解？（2）文中的建议是否有条理？（3）作者是否对新词进行了定义？（4）文中是否包括了例子、比较或解释？（5）作者是否要求读者留下评论和/或建议？（6）你能找到任何语法或拼写错误吗？　C出版社教材则采用为学习者提供同伴编辑表单的形式，以必修第三册第七单元至第九单元为例，如表6所示，评价条目包括写作格式、主题内容、行文结构和组织等。总体而言，两套教材的检查表以基础性条目为主，也未设置详细具体的评价维度，评价条目缺少一定的层次性和系统性，导致学习者互评容易浮于表层，不够深入，不利于学习者展开富有逻辑的评判，也不利于学习者做出全面而客观的写作评价。

表6 C出版社教材必修三册第七单元至第九单元写作板块同伴编辑表单

第七单元	第八单元	第九单元
正式的电子邮件	调查报告	学习反思
□作者是否正确地称呼了邮件接收者？	□报告中是否明确说明了调查目的？	□作者是否告诉读者他/她在思考哪个主题？
□作者是否给出了写这封邮件的明确原因？	□数量是否表达得当？	□作者是否解释了他/她在获得知识后所做的改变？
□作者是否对该事件提出了必要的问题？	□是否使用适当的图表来报告调查结果？	□作者是否讲述了他/她如何运用知识或技能的计划？
□作者是否使用了了书面用语以提出礼貌请求？	□作者是否提供了结论？	□这篇文章是否由连接词较好地衔接？
	□这份报告的结构合乎逻辑吗？	
• 标出任何拼写、标点或语法错误。 • 标出任何表述不清之处，可以提供一些建议。 • 在你喜欢的写作表达下面画线。		
评论：	评论：	评论：

3.5 创新类活动特点归纳：创作联系实际，注重思维过程

开放式问题有助于激发学习者思维潜能，为高层次思维活动创造条件（詹先君 2011）。写作是思维能力层级最高阶"创造"的一种类型，能够激发学习者思维的灵活性和敏捷性，帮助学习者自由发挥想象力与创造力。三套教材的创新类活动集中在书面表达部分，即"完成书面表达任务"这类活动。而"根据文本材料提出创新性观点"这类开放式的活动和问题在教材写作板块比较少见，几乎为零（见表4）。

写作任务部分主要呈现以下两个特点：首先是创作任务联系实际，其次是注重学习者创作的思维过程。多数写作任务提供了真实情境，贴近学

习者的现实生活，注重引导学习者表达自己的见解和想法，对接考查学习者实际生活中需要形成的态度、价值观和解决问题的能力等。以A出版社教材必修第二册为例，六个单元的写作任务分别为"写出你最爱的一道菜的做法""给编辑写一封信表达你的观点""写下一个你的运动故事""给你最近看过的电影写一则影评""写一张明信片介绍你的一次旅行"，考查学习者依据自己的经历进行创作的思维能力，主动地展现自己的观点想法。另外，从写作任务部分的指令语顺序和具体内容设计可见，三套教材均注重对学生创作过程的引导。例如，C出版社教材在写作任务部分的指令语首先是写下主题和核心内容，其次是勾勒写作大纲（outlining），接着是打草稿（drafting），最后是修改完善（editing）。B出版社教材也提供写作过程指导，从语料、大纲再到同伴互评、成果展示，在分解学习难度的同时考查学生思维活动的动态过程。

4　结论与启示

　　思维品质对学生发展的重要性不言而喻。作为四大核心素养之一，思维品质是其他要素的主要推力，促进语言能力、文化意识和学习能力的同步发展（梅德明、王蔷 2020：45）。对教材编写而言，兼顾语言文化知识、学习策略、思维能力培养并不容易。三套教材读写板块的活动和问题设计都较好地体现了对学习者思维品质培养的重视与落实。具体而言，三套教材最为重视学习者对阅读材料信息的辨识与理解，但在与文化意识的结合方面稍有不足；三套教材对分析文本各有不同侧重，A出版社教材和B出版社教材更重视对文本主旨和细节的分析，C出版社教材更倾向于对材料文本特征，作者写作文体、结构和手法和写作任务的分析；培养学习者的评价类活动和问题占总体读写活动的比重较小，尤其缺少引导学生开展论证式评价的活动，指导学生开展评价的指标类型也较为单一。考查学习者创新思维的活动都集中在写作任务部分，特点是贴近现实生活，注重对学习者思维过程的指导。

　　未来高中英语教材读写板块的编写和修订可关注以下三点。首先，提升读写活动与问题设计的层次性与逻辑性，建构思维品质培养脚手架。一方面，随着使用对象所在年级的增长，对应使用教材的活动和问题难度以及考查的思维层级也应随之逐渐提升。教材应根据学习者认知发展顺序与规律，分配好每单元、每册次的各类活动和问题比例，尤其是读写板块的阅读理解部分，在引导学习者掌握文本材料重要信息的同时，也要兼顾深层内涵的挖掘，从浅层理解不断深入至深层理解，循序渐进地引导学习者调用并训练其不同层次的思维能力。另一方面，教材还须重视问题与问题之间的逻辑关系，加强问题间的关联性，问题设置的顺序和内在逻辑也可协助学生的逻辑性思维培养。

其次，增强读写活动和问题类型的多样性，全方位培养学生的思维品质。具体而言，教材编写可从对话性视角入手，丰富高阶思维训练活动。读写活动的设计初衷不应局限于对信息的辨识和记忆，而是引导学生作为一个主体主动地参与其中，去思考、评判、表达自己的见解（欧阳护华、熊涛 2013）。从三套教材分析结果可见，一级类别中的分析类和评价类活动还有较大的增加空间，适度增加对文本深度分析和观点评价等类型的任务可为学生提升高阶思维品质提供学习机会。另外，二级类别中的"辨识和比较材料中语言和文化的具体现象""针对已获取的观点，提出具有批判性的问题，辨析和判断观点的价值，形成自己的观点""分析阅读材料的作者态度、情感和价值观，写作目的"等类型活动和问题数量也有待增加（参考表4中的结果）。教材编写在各类读写活动还须注重其全面均衡，通过多项读写任务以保障学习者系统性思维训练和思维品质的全方位提升，并带动核心素养的联动发展。

最后，基于学习者的认知需求，增加读写活动主题的争议性和认知挑战性，突出问题情境，以激发学习者的学习动机。以培养学习者核心素养为导向的教育改革正是为了让学生能解决未来现实世界中的复杂问题，去情境化的教学内容导致学习者掌握了大量的不具备可迁移性的惰性知识，阻碍学习者素养的形成。因此，教材须格外注意主题内容是否具备问题情境。问题情境是学校教育中为培养学生未来解决现实世界中的问题而创设的情境，是以问题或任务为中心构成的活动场域，它在项目化学习中也被称为驱动性问题（driving question）（教育部考试中心 2019：36；刘徽 2021）。虽然三套教材都较为注重贴近学习者真实生活情境，但以解决问题为导向的读写活动主题不够充足。一方面，教材应重视活动主题的真实性，可利用和改编现实生活中真实发生的素材，包括日常生活、新闻报道、政府报告、影视文学、历史文献和研究成果等，或者创设符合现实逻辑的虚构未来。另一方面，教材应增加具有认知挑战的活动主题，讨论和争辩的学习氛围也有利于学习者调动自己的思维能力，在思辨过程中提升思维品质。

总而言之，思维品质是体现高中英语学科核心素养的心智特征，是教材内容应达到的重要目标。培养和发展学习者思维品质是教材读写板块的核心任务之一，读写板块的编写须重视活动和问题设计的层次性、逻辑性、多样性、真实性与深刻性，充分锻炼学习者的逻辑性、批判性和创新性思维，协助并引导教师和学生解决"思辨缺席"的症结，同时联动英语学科核心素养的其他要素，充分体现英语学科的育人价值。

参考文献

Facione, P. 1990. *Critical Thinking: A Statement of Expert Consensus for Purposes of Educational Assessment and Instruction* ("The Delphi Report"). Millbrae: The California Academic Press.

白丽茹，2012，大学英语写作中同伴互评反馈模式测量评价表的编制，《现代外语》（2）：184–192+220。

程晓堂，2018，在英语教学中发展学习者的思维品质，《中小学外语教学》（中学篇）（3），1–7。

陈则航、王蔷、钱小芳，2019，论英语学科核心素养中的思维品质及其发展途径，《课程·教材·教法》（1）：91–98。

陈则航、邹敏、苏晓俐，2020，中学英语教材阅读中的思辨能力培养：基于中德两套教材的对比，《外语教育研究前沿》（3）：49–56+92。

崔琳琳，2013，基础英语教育要重思辨，https://epaper.gmw.cn/gmrb/html/2013-10/20/nw.D110000gmrb_20131020_3-07.htm（2023年1月10日读取）。

教育部考试中心，2019，《中国高考评价体系说明》。北京：人民教育出版社。

林崇德，2019，中小学教材编写心理化设计的建议，《课程·教材·教法》（9）：9–11。

刘徽，2021，真实性问题情境的设计研究，《全球教育展望》（11）：26–44。

梅德明、王蔷，2020，《〈普通高中英语课程标准（2017年版2020年修订）〉解读》。北京：高等教育出版社。

欧阳护华、熊涛，2013，基于批评话语分析的三维批判性阅读模式，《广东外语外贸大学学报》（1）：37–40。

王牧群、白彬，2011，培养批判性思维能力的解构式英语阅读教学研究，《教育科学》（2）：30–34。

文秋芳、王建卿、赵彩然、刘艳萍、王海妹，2009，构建我国外语类大学生思辨能力量具的理论框架，《外语界》（1）：37–43。

徐锦芬、朱茜、杨萌，2015，德国英语教材思辨能力的体现及对我国英语专业教材编写的启示，《外语教学》（6）：44–48。

中华人民共和国教育部，2018，《普通高中英语课程标准（2017年版）》。北京：人民教育出版社。

赵勇、兰春寿、杨成林，2022，基于核心素养的英语读写思辨能力框架建构与量表编制，《外国语言文学》（5）：112–125+136。

詹先君，2011，高考英语作文命题如何继续开放——基于高考英语北京卷开放作文命题的分析，《教学与管理》（34）：80–82。

第三部分　教材使用研究

8 我国中小学英语教材使用研究综述[1]

杨鲁新[a] 常畅[b] 全馨[c]

[a]北京外国语大学中国外语教材研究中心/英语学院

[b]北京外国语大学国际教育学院

[c]无锡市东林古运河小学

提 要：本文以我国外语类与教育类核心期刊的 92 篇论文为数据来源，采用定量与定性相结合的方法述评 1962—2023 年我国中小学英语教材使用研究。结果显示，研究论文数量呈现出"过山车"式的发展趋势，且在期刊论文总量中占比较小；研究视角注重宏观理论探讨和客位研究者观察，缺乏多学科综合剖析；研究主题涉及广泛，包括对教材使用理论与原则的探索、对教材使用的建议及有效性评价、教材使用策略研究、教师使用教材的认知与心理、教材使用过程中的影响因素等方面，但欠缺系统性；研究方法以定量研究为主，定性和混合研究匮乏。未来研究应注重内容覆盖面、视角立体化及范式的动态转向。

关键词：教材使用；前沿热点；中小学英语教材

1 引言

教材建设体现国家意志，是国家事权。教材是课程的重要载体，是教师实施教学活动、学生接收教学内容的重要依据。近年来，教材建设的重要性日益凸显。2016 年，中共中央办公厅、国务院办公厅联合印发了《关于加强和改进新形势下大中小学教材建设的意见》。2017 年，国务院成立了国家教材委员会。2020 年，国家教材委员会印发了《全国大中小学教材建设规划（2019—2022 年）》，教育部印发了《中小学教材管理办法》等四个教材管理办法，并且提出 2022 年是我国外语教材建设新的历史时期。《教育部 2022 年工作要点》提出要加快建设中国特色高质量教材体系，2022 年印发的《义务教育国家课程教材编写修订规范（试行）》也强调要加强中小学重点教材建设。

教材作为极其重要的教学因素，其相关研究总是与教学发展相生相伴。英语教学的发展历程，也是英语教材研究的发展历程。教材研究一直受到外

---

1. 本文部分内容已以论文形式发表，参见常畅、杨鲁新：《我国英语教材研究 60 年述评——基于 CiteSpace 知识图谱的可视化分析》，载《外语界》2023 年第 1 期。

语研究者的关注（Guerrettaz & Johnston 2013）。相关研究主要涉及教材内容分析（Thompson 2013；张虹、于睿 2020）、教材编写（金檀等 2019）、教材评价（Harwood 2010）、教材使用（徐锦芬、范玉梅 2017）四个方面。研究者对前三个方面关注较多，对教材使用的研究相对较少。教材使用指学生和教师实际上如何使用教材进行学习和教学，是教材开发与建设的终极目的，也是教材理念落实的关键。教材使用过程即教学过程，涉及教学活动实施、教师在教材使用过程中的作用、教材使用的有效性评价等关键问题（毕争 2019；张虹等 2021）。教材价值的发挥离不开教材的使用过程。对英语教材使用研究状况进行全方位、立体式考察，总结成就、展望未来，对我国外语教材体系建设和教学发展改革大有裨益。因此，本文主要探讨三个问题：

（1）我国英语教材使用研究论文发表类别有何特征？

（2）我国英语教材使用研究内容和方法有何特征？

（3）我国英语教材使用研究存在什么问题？未来应如何发展？

2 研究设计

本研究采用定量与定性相结合的方法，分为四个步骤。（1）文献检索：以文章主题、类别、发表时间为索引，在中国期刊全文数据库中进行检索，获取相关论文。（2）编码构建：基于研究问题，进行试编码和正式编码，保证研究信度。（3）内容分析：阅读文献，了解文章具体内容，根据编码框架进一步分析文献数据。（4）成果整合：总结、归纳数据结果，分析现状，进行展望。

为探索上述三个研究问题，笔者首先进行文献检索工作，确定研究的数据来源。全部数据来源于中国期刊全文数据库。文献范围为我国有较高学术影响力的外语类及教育类核心期刊，数据库的最后更新时间为2023年7月。文献类型为严格意义上的研究性论文，不含会议摘要、征稿、访谈、通知等。文献语言限定为中文，最后确定文献数量92篇。

确定最终文献数量后，建立文献数据库，采用定量和定性相结合的方法对数据进行分析：一是根据发表年份，利用Excel软件对发文量、文献类别进行统计；二是采用定性分析的类属分析法（陈向明 2000），进行三级编码。首先，寻找与"英语教材""教材使用""教材使用取向""教材使用原则""影响因素"等相关的意义单位，并进行标注。然后，仔细阅读文献，对意义单位进行类属划分。最后，综合意义单位之间、意义单位与类属之间以及类属之间的关系，形成最终编码框架，确认文献主题和趋势。

3 研究发现

本研究将从核心概念界定、研究类别、研究内容与方法三个方面对我国外语类与教育类核心期刊文献展开文献梳理，归纳总结我国中小学英语教材使用相关研究的特征，回答本文研究问题。

3.1 核心概念界定

3.1.1 教材

教材服务于教学，是教师传授知识的主要途径（张敏瑞 2007）。教材的概念具有广义和狭义之分。广义上讲，教材是教师在一定的教学目的的指引下所使用的教学材料（靳玉乐 2002）。根据《辞海》中的定义，教材是以教学大纲为标准，教师在日常教学活动中所使用的、学生在学习过程中掌握的材料（夏征农 1999）。曾天山（1997）认为，教材是教学过程中师生所使用的协助学生达到教学目标的知识信息材料。顾明远（1998）在《教育大辞典》中指出，教材是教师和学生进行教学活动时所使用的材料，是教学的主要媒体。《中国大百科全书·教育》中也给出了教材的两个定义："一是根据一定学科的任务编选和组织具有一定范围的深度的知识和技能体系，二是教师指导学生的一切教学材料。"（中国大百科全书编辑委员会1985：44）其中，第一个定义是从狭义上对教材进行界定，第二个定义则是从广义上对教材进行了界定。随着时代的发展和教育的改革，教材的内涵在不断丰富和发展。总的来看，广义上的教材与教学材料密切相关，指的是师生开展教学活动所用到的一切教学材料，包含文字教材（教科书、教学辅助图书资料等）和视听教材（课件、光盘等），显性教材（练习册、课本等）和隐性教材（课堂环境、头脑中所具备的知识等）。狭义上讲，教材即教科书，即教师日常教学活动中所使用的课本（程晓堂 2011）。

此外，其他学者也从不同的角度对教材进行了界定。有学者认为教材分为宏观、中观和微观的教材：宏观的教材包含教学用到的所有材料，既包括物质形态的教科书、教师用书、练习册等，又包括隐藏在教师头脑中的已有知识、经验及课堂环境中的教学信息；中观的教材指的是教学过程中的物质形态的资料；微观的教材指的就是教科书（李学 2008）。另有学者分析了国内外学者对教材的定义后，将教材的定义分为三类：教材即教学材料，其包含教科书等文本材料和课件等视听材料；教材即学科知识体系，学科中心主义教材观认为教材是根据学科编制而成的知识技能体系；教材即学科课程内容，持这一观点的学者将教材等同于课程内容，模糊了教材与课程之间的界限。教材与课程内容应该是互相制约、互相影响的关系，教材是实现课程内容这一目标的手段，是学生学习课程内容的有利媒介，其价值所在是最大限度地传递课程内容（刘继和 2005）。

区别于一般的出版物，教材作为师生教学活动的教学型材料具备两个特征。首先，教材的编写需要参照一定的教育目标和教育政策，具体表现为"针对特定对象、满足特定要求，并在学制、学时及内容范围等特定限制下开展的基于教育教学研究的内容创作活动，具有一定的规定性，也有一定的规律性"（段博原 2021：43）。教材编写的过程包含教材的规划、编写、审核、出版与发行、选用及评价、监督等流程，是教材建设从理论走向实践的关键。其次，教材肩负着知识传授、能力培养和价值观塑造的重要任务，服务于一定的教学目标。因此，教材需要随着时代的变迁和教育改革的需要与时俱进、及时更新，不断满足学生发展的需求。

教材是教育事业开展的重要基石。因此，教材既要传承人类文明的精华，又要满足国家意识形态的要求。由此可见，教材的基本属性包含科学性与育人性、传承性与交流性、工具性与教育性、发展性与社会性（王郢 2016）。

3.1.2　教材使用

教材是重要的课程教学资源之一。对教科书文本的研究分为静态和动态两类：教科书文本的静态研究过程就是对教科书内容的分析；教科书文本的动态研究过程就是教科书的教学使用过程，即探究教师如何利用教科书开展教学活动，如何根据教学实际情况和学生发展水平改造教科书（李长吉、李志朋 2021）。有学者认为教学材料的使用过程就是教学过程，包含教学活动的实施、对语言形式的关注及教学材料有效性评价等（毕争 2019）。教材的使用是教师日常教学活动的重要组成部分，是课程实施的重要内容，是教材建设的中心环节。

对于教材使用的研究始于 20 世纪 50 年代。从宏观上看，教师如何使用教材实际上是教师教育观和教材观的问题（成尚荣 2018）。教师教材使用具有其自身逻辑（安桂清 2019），"用教材教"和"教教材"是两种针对教师教材使用的主要范式（李学 2008）。"用教材教"论者主张教师应该站在课程的高度对教材进行再认识（乔晖 2008），充分发挥主动性，根据学生的实际情况创造性地使用教材（付宜红 2003），再次开发教材。具体表现为：教师除了基于教科书，全面并深入解读教科书外，还应该超越教科书的教学活动设计，转变身份，与学生在平等协商中构建学习内容，树立新的教学理念，创造性地使用教科书（王世伟 2008）。从微观上看，1989 年有学者首先提出教科书使用研究应该关注教科书的使用情况，特别是观察课堂互动中教科书的使用情况。由此，在师生教学互动中观察教科书的使用情况的研究进入了人们的视野。维果茨基的中介思想认为，儿童与中介者的互动影响儿童的有效学习（Vygotsky 1978），而教师作为儿童使用教科书的中介调节者，往往会根据儿童的认知水平和思维模式选择教科书的使用内容和活动顺序，尽可能在儿童的最近发展区内合理开展教学活动。在课堂教学中，教师对学生使用教科书的干预情况影响学生对教科书的使用。

此外，不同学段的教师对于教材的使用也存在差异。研究主要涉及教师对统编教材使用（吕玉刚 2020）、学前教材使用（孙明霞 2012）、初中教材使用、高中教材使用等方面。在基础教育领域，研究发现，统编教材及其使用是基础教育改革的必然趋势。统编教材是国家意志和立德树人根本任务的集中体现（罗英、徐文彬 2020），教师需要在日常教学活动中关注统编教材的价值引领和实践育人等作用。具体而言，对初中英语教材使用的研究主要强调师生应在使用过程中明确教学目标，注重学生基础知识和核心素养的培养（刘忠政 2012），鲜少涉及课堂观察及深度访谈等实证研究。对高中英语教材使用的研究以思辨研究和问卷调查为主，关注教师运用语境化策略使用教材文本的方式（国红延、王蔷 2013），探究教师对教材资源的使用；此外，现有研究较多关注语文、数学等学科对教材插图（王宝安 2013）、习题（林婷 2013）、例题（邵光华、张妍 2019）等的运用，并提出教师在对标课标的情况下应不断提升教科书使用素养，加大对教材的二度开发（张心科等 2019）。但是，我国中小学英语教材使用研究对上述教材内容的关注尚付阙如。

随后，针对教师使用教材的不同范式，有学者提出了五个等级：一是使用，教师直接使用教材中的内容教学；二是改编，教师对教材的内容适当调整以适应课堂教学；三是更换，教师可以合理整合教材内容，选择适合学生认知水平的材料；四是省略，教师根据课堂需要删除部分内容开展教学；五是补充，教师根据实际教学需要补充必要的教学资料（付宜红 2003）。另有观点认为教师使用教材有三种范式，即忠实、改编和创造，或称忠实型、调适型和创生型（俞红珍 2005）。孔凡哲、史宁中（2008）构建了教师使用教科书水平模型，将教师使用教科书的水平等级分为误用、机械使用、常规使用、有些新意地使用和有创意地使用五个级别。因此，教师使用教材并没有固定的模式，可能受到教师个人教学经历、学生学业水平和具体教材内容的影响。

　　教材使用这一概念涉及多个研究范围。宏观研究关注教师对教材的看法和使用范式，为教师使用教材提供了方向性指引和路径式引领；微观研究聚焦于基础教育领域课堂中教师使用教材的情况，为教师使用教材提供了教学案例和使用指导。具体而言，对教材使用的宏观研究主要通过哲学思辨性探讨的方式剖析、总结教材使用的原则、方法、路径、框架等；对教材使用的微观研究则主要使用问卷调查、访谈、观察等方式关注教师在使用统编教材等学段教材时的基本方法和关键目标。宏观研究与微观研究相结合，共同组成了学界对教师教材使用的主要研究内容，为教师使用教材提供了宏观指导和微观示例。

3.2 文献类别

　　文献类别统计有助于从宏观和微观角度把握英语教材使用研究态势。借鉴以往外语教学研究的分类方法（文秋芳 2001），本研究将全部研究文献分为三类：理论研究、实证研究和综述研究。我国英语教材使用研究文献类别分布如表1所示。在92篇文献中，理论文献为68篇，占73.9%；实证文献为24篇，占26.1%；暂无综述研究。[1]这一结果表明，我国英语教材使用研究理论文献最多，实证文献次之，且数量差距较大。

表1 我国英语教材使用研究论文类别和比例

研究类别	数量	比例
理论研究	68	73.9%
实证研究	24	26.1%
综述研究	0	0%
合计	92	100%

---

1. 本文中的百分比统计采取四舍五入小数点后取一位的方式。

3.3 研究内容与方法

通过对文献类别的梳理发现，现有英语教材使用研究主要分为理论研究和实证研究两类。因此，本研究将对这两类文献进行进一步的分析。

3.3.1 理论研究

我国英语教材使用理论研究主要聚焦于两个方面。第一，对教材使用理论与原则的探索。相关研究不断探索"产出导向法"（Production-oriented approach，POA）、"任务型教学法"（Task-Based Language Teaching）等教材使用理论（文秋芳、毕争 2020），提出教师使用教材时应基于教科书并超越教科书，充分挖掘教材的内容资源，与学生平等协商，共同构建学习内容（咸富莲、马东峰 2022）。文秋芳、毕争（2020）首先探讨了"职业外语任务教学法"（TASK-BASED LANGUAGE TEACHING，TBLT）和"通用外语任务教学法"（task-based language teaching，tblt）的区别，然后从教学对象和教学目标两个角度对产出导向法和任务型教学法的异同进行了对比，接着又从教学大纲、教学材料等角度系统比较了两者的区别。具体而言，TBLT适合岗前集中培训，tblt用于教授一般学习者，而POA用于教授刚入学的一年级大学新生。POA以单元为教学单位，以产出任务的完成为教学目标，教学过程由"驱动-促成-评价"循环链构成，教学材料编写按照"顶层理论指导-打磨样课-选定主题与课文-确定产出任务和设计场景-设计促成活动"的顺序进行；tblt则以任务为单位，教学大纲以任务为基础，课堂实施分为任务前、任务中、任务后三个阶段，教学材料编写秉承"考虑任务和语言需求-编写任务大纲-依据大纲编写教学材料"的流程。由此可见，POA、TBLT和tblt适用于不同的教学环境和教学对象，三者之间没有优劣之分，教师应该从课堂出发选择适合自己的教学方法。

第二，对于教材使用的建议及有效性评价。现有英语教材种类繁多，涉及少数民族教材、双语教材等，研究者纷纷提出了针对性的使用建议和评价。例如，多媒体的发展使得网络教学成为现代远程教育的重要形式（范纯善、李海北 2002），在中学英语电化教学领域，多媒体和网络技术教材的广泛运用可以在一定程度上优化中学英语课堂教学结构，提高教学效果（琚珍2001）；少数民族地区教材的统一性和科学性仍有待加强，应根据地方特色编写和使用相关教材（周燕 2008）；双语教学在国外很多国家已经率先实行，我国也应逐步引进双语教学，将母语和外语有机结合起来，提高学生对学科外语的学习和外语水平的发展，而双语教材内容的编写则需要具备逻辑性、全面性和系统性（张力 2002）。

　　课堂教学的三要素包括教材、教师和学生。我国英语教材使用理论研究主题从"对教材使用理论与原则的探索"过渡到"对教材使用的建议及有效性评价"，也体现了研究者视角的转变。具体而言，外语教材研究伊始（1998 年起），研究者大多从宏观视角探讨教材与教学的关系，思辨性地提出教材使用原则与方法；而后，研究者开始强调教材的资源性、功能性及研究性价值，从中观视角剖析教师与教材的关系，为不同情境中的教材使用和实际课堂教学提出建议。

3.3.2 实证研究

　　我国现有英语教材使用实证研究主要涉及三个主题：教材使用策略、教师使用教材的认知与心理、教材使用过程中的影响因素。

　　教材使用策略研究是我国英语教材使用研究中的关键主题之一。教师在教学过程中通常会采取跳过、增加、修改、调整顺序等策略对教材进行改编。事实上，教材的使用策略涉及宏观和微观两个方面。宏观使用策略涉及课程改编、课程发展、课程补充、课程规划、课程实验、课程设计、材料评估等（Shawer 2010）。例如，教师会针对课程的结构和内容进行整体调控（课程规划），会挑选设计具体教学活动中所采用的任务（课程设计），也会根据真实课堂环境和教学情况临场发挥（课程改编）等（徐锦芬、刘文波 2023）。微观使用策略则包括多种资源输入，灵活安排课程顺序，补充/跳过课程、单元、任务主题等（Shawer 2010）。例如，我国英语教师在教材使用过程中会在原有教材基础上补充拓展多媒体教学材料（多种资源输入），会根据学生基本情况和课时安排调整互动形式（灵活安排课程顺序），会删除某个教学活动、减少某个练习的数量（跳过任务主题），也会协调教学目标、调适教学情境、开发教材内容等（徐锦芬、刘文波 2023）。总之，教师与教材的互动从宏观到微观层面体现了教师教材使用的多样性，但教师对于教材使用的方式并无优劣之分，只体现了教师的不同选择，最终目的都是为了更好地适应教学环境，提高教学效果。

　　近年来，我国研究者开始通过调查问卷的研究方式关注高中英语教师对于教材的认知及使用（如国红延、王蔷 2013），分析教师在教材使用过程中的角色和定位，即教材使用取向（如徐锦芬、刘文波 2023）。教师是教材使用过程的决策者，教师的教材观与其在教材使用过程中的角色定位体现着教学理念的不同。早期，Snyder *et al.*（1992）指出教师在教材使用过程中会出现课程实施的忠实取向、调适取向和创生取向。而教师使用教材的取向可以分为"课程传播者"（curriculum-transmitter）、"课程开发者"（curriculum-developer）和"课程创造者"（curriculum-maker）（Shawer 2010）。这三种取向对教材的重视程度呈递减的趋势。作为课程传播者的教师视教材为脚本，课堂练习及师生互动皆按照教材的顺序进行，极少进行改编。作为课程开发者的教师视教材为跳板，会依据教学对象的实际情况对教材进行改编、补充或拓展。作为课程创造者的教师注重课程开始前进行学习者调研和分析；基于调研结果来设计课程，大部分情况下不使用教材，而是自行挑选或设计素材（Shawer 2010）。虽然教师对教材的使用有一定的个性化特征和特色化取向，但国内外学者通过研究也发现高中教师对教材使用策略的采纳并不是一成不变的，也不是绝对的，而是往往处于一个区间内的相对位置，且会随着时间推移发生相应的改变。例如，国红延、王蔷（2013）发现我国高中英语教师在使用新课程实验教科书的过程中，逐渐转变了被动依赖教科书的教材观；在了解新教科书编排原则和设计理念的基础上，教师在教学中通过删减、扩展等方式整合教科书内容，与同事交流，反思教科书的使用效果，但对学生作为教科书使用主体的意识还比较薄弱。因此，对高中教师教材使用取向的研究应当具有动态性、历时性、个性化特征，需要在具体情境下针对特定教师群体展开全面跟踪分析。

教材使用过程中的影响因素也是我国研究者关注的又一重点。研究者发现影响教师教材使用行为的因素繁多，包括宏观、中观、微观及教师主体等因素（Norton & Buchanan 2022；Shawer 2010；罗少茜、徐鑫 2011；徐锦芬、范玉梅 2017）。其中，宏观要素涉及课程标准、考试制度、经济条件、地理位置等外部环境，如在课程标准和教学制度较为严格的环境中，教师自主选择教材和实施教学活动的程度较低；在经济发展较为落后的城市和地区中，教师对教材内容选择的自由程度也相对不足，大多需要严格按照大纲和课标要求完成教学任务。中观和微观要素涵盖学生水平及需求、教学资源丰富程度、教材内容、教学效果、同事互动等教学环境。例如，如果学生学习自主性和学习动机较强，那么教师使用教材的创造性程度就较高，教师更愿意补充多元材料，采用多种策略改编教材，以此提升学生的学习效果。在教学资源丰富、教学效果良好的正面反馈下，教师在使用教材过程中更愿意发挥主观能动性，树立新的教材观。教师作为教材使用的主体，其自身能动性、动机、教学理念、学科知识、课程意识、教材观、教材使用培训经历等皆有可能影响教材使用行为。当教师具备较为先进的教学理念和较为专业的学科知识，在高质量教材使用培训的引领下，往往会采取更高质量的教材使用行为，主动补充教学材料，调整教材内容的顺序，或是使用自选自编的教学材料以满足教学需求。例如，邹敏、陈则航（2023）通过观察教师课堂教材使用行为，发现学生的课堂表现和及时反馈会影响教师使用教材的方式和对教学活动的选择。当学生的语言水平和认知水平高于语篇内容，即现有教材内容无法满足学生的学习需要时，教师倾向于改写语篇，增加内容，拓展贴合需求的学习材料，借此训练学生的思维。此外，教学环境也是教师教材使用自助程度高低的重要影响因素。高质量的教研共同体和专家评课活动有助于教师更深入地理解教材政策的核心内容，推动教师自主展开反思。同时，两位学者也发现，教师自身的教学理念和教学经历会影响其在课堂上做出的教材使用行为，具备积极教材观且愿意将教材作为教学活动支架和抓手的教师会创设深入且立体的教学活动，主动整合教学内容，帮助学生建构结构化知识，训练抽象思维。

现有对教材使用影响因素的研究展示了不同层面的研究结论，但总体而言，教师教材使用的影响因素可归结为四个主要方面，即教材因素（内容、难度和篇幅），教师因素（信念、经验、培训和风格），学生因素（能力、信念）和课堂及制度因素（课时、教室等）（Hutchinson 1996）。

由此可见，实证研究主要关注教师教材使用策略、教材使用心理和教材使用影响因素，发现教师在使用教材的过程中多采用增、减、改、删等方式对教学任务进行改编，这一过程也体现了教师不同的教材使用取向（课程传播者、课程开发者、课程创造者），具备个性化特征。此外，在这一过程中，教师教材使用行为受到宏观、中观、微观因素的影响，如课标、制度、经济、教学资源、教学效果、教师理念、教材培训、教学动机等要素。整体来看，相关实证研究大多关注教师或教材本身，对学习者的教材使用行为关注较少；实证研究内容对教师使用教材的心理动机及理念信念、教师教材使用培训挖掘不深；影响因素范围大多涉及教师专业发展的宏观、中观和微观因素，如学校制度、教学目标、教师信念及学生反馈等，较少涉及社会文化环境要素和出版社、编辑等重要他者，动态性不强，仍有较大的研究发展空间。

从研究方法来看，我国英语教材使用文献中的实证研究较少，理论或政策层面的思辨研究占大多数（如李志坤 2005；俞红珍 2005）。在实证研究中，量化研究的数量多于质性研究的数量，混合研究则更少。研究者大多通过发放问卷的方式对某地区或某学校相关人员展开调查（如关世民 2010；江淑玲、郑志恋 2009），研究其教材使用的相关议题，并采用SPSS等软件对问卷进行分析，但是发放问卷的形式较难对教师教材使用的深层情况和实际现象展开研究；而质性研究则更多采用课堂观察的方式深入一线教学课堂观察教材使用的现状，或面对少数访谈对象展开焦点人群集体访谈或个案访谈（如罗少茜、徐鑫 2011），以深入了解教师对教材使用的看法。除此以外，采用混合研究的研究者倾向于选定研究对象后先进行问卷调查，后对特定群体（教师、学生、教学管理人员、外语教学专家）继续展开深入访谈，以完善研究，了解教材使用情况。例如，蒋联江等（2020）通过"形成叙事框架–转换半开放式问卷–展开个人访谈"的混合研究方法从大规模群体中收集数据并形成对该群体的概括性认知后，本着最大差异化原则访谈其中的两名教师，以获得教师对教材图片使用的丰富认知和对英语教材编写过程中图文配置的相关建议。

从学段来看，现有教材使用研究中未明确区分学段的文献大多采用理论研究的研究方法，少数学者采用了问卷调查与访谈相结合的实证研究方法（如孙明霞 2012）；对于小学学段教材使用的研究，学者大多也采用了理论剖析方法（如杨进 2016；程晓堂 2002）；对于初中学段中教材使用的研究，采用实证研究的学者数量明显增加，如罗少茜、徐鑫（2011）采用焦点人群集体访谈的质性研究方法调查中小城市及乡村学校使用JEFCGFI（一部初中任务型英语教材）及实施任务型教学的情况；高中学段教材使用的研究中理论探讨仍占主导地位，此外部分学者也采用了实证研究的方法，如国红延、王蔷（2013）采用抽样问卷调查的方式，对86位高中英语教师在具体情境中的教材使用方式及影响教师教材使用的因素进行了研究。

总体而言，教材使用相关理论研究重点探析教师使用教材的当下问题和有效方式，对于深入挖掘一线课堂中教师使用教材实际情况的作用较小；教材使用相关实证研究较多采用大规模问卷调查等量化研究方法分析教师使用教材的方式和影响因素，如教师教龄和教材适用性影响教师教材使用方式、教师教学信念和学校安排影响其对教材的二次开发、课程研习及示范课有助于指导教师教材使用等；采用混合研究方式的相关研究则能在摸清研究对象使用教材基本情况和趋势后，深入探析形成使用特征和趋势的背后原因，如未经教育部门硬性管理的双语教材使用难度较大、随意性较强。

4 讨论

我国英语教材使用研究不断发展，研究论文数量整体呈增长态势，研究方法日益多元，研究内容涉及教材使用的方方面面，但仍存在诸多问题。

第一，已有研究主题主要涉及教材使用有效性评价、教材使用策略、教师使用教材的认知与心理、教材使用过程中的影响因素等，但研究内容仍不够系统。首先，现有理论文献多为哲学思辨性探讨和对某一教材的使用建议和评价，缺乏将理论与实践相结合、服务于实际英语教学的系统性研究。其次，实证研究大多聚焦于教材的整体使用情况及教师对教材的认知、态度等，忽略了教师、学生及教学情境的互动与变化，且相关研究多缺乏教材使用理论框架的支撑。同时，国外学者已围绕教材开发、教材使用、教材评估开展了系统性考察（参见 Bao 2021；Norton & Buchanan 2022；Tomlinson & Masuhara 2017），而我国此类研究尚处于起步阶段。再次，研究对象多为大学英语教材，对专业英语及基础教育阶段英语教材关注不够。这一研究趋势不利于推动"小学—初中—高中—大学"英语教材一体化体系建设。

第二，已有研究已开始尝试从研究人员和教材编写者角度探究我国英语教材使用现状，但研究视角仍稍显单一。相关研究主要采用两种视角：一是从宏观层面论述教材使用的理论与原则、教材使用的有效性评价、使用教材的设计与编写特点等（如毕争 2019；张敏瑞 2007；周燕 2008）。二是采用客位研究者视角，通过问卷、访谈、观察对教材使用整体情况进行调查（如张虹等 2021），一线教师较少参与相关研究。这就导致专家学者的理论研究与一线教师的教学实践出现错位的情况，理论研究难以落地。然而，在实践层面，教师与教材的联系最为紧密，教师是教材理论的接受者，也是教材实践缺陷的发现者。随着教育的发展和教学的改革，教师作为教学活动的主体理应深入教材研究，关注并表达对教师教材观的理解与看法，增进教师教材观的完善和革新。

第三，现有研究已开始尝试采用量化研究方法调查教材使用的整体情况，或采用质性研究方法剖析教师的教材使用观念与心理，但总体而言，研究范式仍稍显偏颇。具体表现为：科学实证研究范式较多，大多数研究将教材视为客观存在的知识实体（如罗少茜、徐鑫 2011）；人文理解研究范式较少，教材的社会文化建构特征未得到广泛关注。从实证研究方法来看，定量研究居多，定性研究较少，混合研究寥寥无几；横向大规模调查较多，纵向历时性追踪研究较少。

5　前景展望

针对目前我国英语教材使用研究的问题与不足，笔者尝试提出以下建议。

从研究内容来看，需要开展综合性、系统性研究，既要关注教材使用理论，更要重视教材使用实践。首先，前期教材使用研究相关理论情境重点已从传统的任务型教学法转至产出导向法等具有中国特色的外语教学法。因此，未来研究要继续从课程思政视角拓展教材使用理论内涵，重视教材在使用过程中如何发挥其蕴含的文化、情感、价值观的立德树人作用。其次，教材的价值转化离不开教材的使用过程，教材使用不仅涉及教师行为与策略，更涉及学习者性别、动机、观念等诸多因素。学习者作为教材使用者的一个重要群体，他们通过教材使用所获得的发展反映了教材转化的最终效果。因此，未来需要从学习者角度出发开展更加系统的研究。最后，教师在教材使用过程中发挥着举足轻重的作用，未来仍须关注如何推动教师教育中教材使用培训的内容、形式和效果。

从研究视角来看，须对英语教材的使用过程进行多方位、立体化探索。一方面，要注重宏观理论探讨与微观内容剖析相结合，客位研究者视角与主位使用者视角相结合。例如，从教材编写者、出版者、使用者多群体视角出发，探究某一教材编写特点与实际使用效果一致性的研究尚属空白。另一方面，要注重从跨学科视角解决教材领域的独特性问题。在宏观社会文化情境和中观课堂情境的双重背景下，从多学科视角对英语教材使用过程进行深入探讨是我国英语教材研究得以创新和发展的必然途径。教材使用具有动态化、情境化、关系化的特点，对教材使用的研究不可忽视其系统各要素的关系与互动，即从动态协作和关系型的视角来理解教材使用。

从研究范式来看，要与国外前沿研究接轨，实现研究方法的动态转向（常畅、杨鲁新 2023）。实际上，教材的使用过程是动态发展的，其中蕴含着各种关系，既包括教师通过使用教材与学生、合作教学者、教材开发者之间建立的关系和互动，也包括教师与教材之间的相互影响，教材的给养与局限影响教师，教师的观点与决策反哺教师如何调动教材资源。据此，未来英语教材使用研究应从静态研究转向动态研究，从共时研究转向历时研究。

参考文献

Bao, D. 2021. *Creativity and Innovations in ELT Materials Development: Looking Beyond the Current Design*. Beijing: Foreign Language Teaching and Research Press.

Guerrettaz, A. M. & B. Johnston. 2013. Materials in the classroom ecology. *The Modern Language Journal 97*(3): 779-796.

Harwood, N. 2010. *English Language Teaching Materials: Theory and Practice*. Cambridge: Cambridge University Press.

Hutchinson, E. G. 1996. What do teachers and learners actually do with textbooks?: Teacher and learner use of a fisheries-based ELT textbook in the Philippines. Ph.D. Dissertation. Lancaster: University of Lancaster.

Norton, J. & H. Buchanan. 2022. *The Routledge Handbook of Materials Development for Language Teaching*. London: Routledge.

Shawer, S. F. 2010. Classroom-level curriculum development: EFL teachers as curriculum-developers, curriculum-makers and curriculum-transmitters. *Teaching and Teacher Education 26*(2): 173-184.

Snyder, J., F. Bolin & K. Zumwalt. 1992. Curriculum implementation. In P. W. Jackson (ed.). *Handbook of Research on Curriculum*. New York：Macmillan, 402-435.

Thompson, K. D. 2013. Representing language, culture, and language users in textbooks: A critical approach to Swahili multiculturalism. *The Modern Language Journal 97*(4): 947-964.

Tomlinson, B. & H. Masuhara. 2017. *The Complete Guide to the Theory and Practice of Materials Development for Language Learning*. Hoboken: John Wiley & Sons.

Vygotsky, L. S. & M. Cole. 1978. *Mind in Society: Development of Higher Psychological Processes*. Cambridge: Harvard University Press.

安桂清，2019，教材使用的研究视角与基本逻辑，《课程·教材·教法》（6）：69–74。

毕争，2019，"产出导向法"与"任务型教学法"比较：教学材料设计与使用，《外语教学》（4）：61–65。

常畅、杨鲁新，2023，我国英语教材研究60年述评——基于CiteSpace知识图谱的可视化分析，《外语界》（1）：76–83。

陈向明，2000，《质的研究方法与社会科学研究》。北京：教育科学出版社。

成尚荣，2018，用好统编教材实现学科育人价值，《课程·教材·教法》（8）：4–10。

程晓堂，2002，小学英语课程资源的开发与利用，《教育实践与研究》（5）：22–24。

程晓堂，2011，《英语教材分析与设计》。北京：外语教学与研究出版社。

段博原，2021，大中专教材出版研编工作及其一体化，《中国编辑》（12）：42–46。

范纯善、李海北，2002，基于网络课程的中学教学研究，《中国电化教育》（3）：39–42。

付宜红，2003，创造性使用教材应注意的几个问题，《人民教育》（7）：22–23。

顾明远，1998，《教育大辞典》。上海：上海教育出版社。

关世民，2010，中学英语"教材二次开发"实验分析与成效研究，《教育理论与实践》（5）：47–49。

国红延、王蔷，2013，高中英语教师对新课程教科书的认识与使用研究，《课程·教材·教法》（8）：59–65。

江淑玲、郑志恋，2009，新版高中英语教材使用情况的调查与分析，《山东师范大学外国语学院学报（基础英语教育）》（2）：56–62。

蒋联江、何琛、赵以，2020，教师使用教材图片资源的叙事研究，《全球教育展望》（4）：68–84。

金檀、刘康龙、吴金城，2019，学术英语教材词表的研制范式与实践应用，《外语界》（5）：21–29。

靳玉乐，2002，《新教材将会给教师带来些什么：谈新教材新功能》。北京：北京大学出版社。

琚珍，2001，运用现代教育技术优化中学英语课堂教学，《外语电化教学》（3）：52–54。

孔凡哲、史宁中，2008，教师使用教科书的过程分析与水平测定，《上海教育科研》（3）：4–9。

李长吉、李志朋，2021，从静态文本到动态过程:教科书研究的未来走向，《课程·教材·教法》（8）：45–50。

李学，2008，"教教材"还是"用教材教"——兼论教材使用功能的完善，《教育发展研究》（10）：82-85。

李志坤，2005，新版高中英语教材的特点与使用建议，《中小学外语教学（中学篇）》（7）：12-15。

林婷，2013，有效使用高中数学教材的几点思考，《数学通报》（6）：23-26。

刘继和，2005，"教材"概念的解析及其重建，《全球教育展望》（2）：47-50。

刘忠政，2012，初中英语新教材使用中教学评价的困惑与应对策略，《外国语文》（6）：153-156。

罗少茜、徐鑫，2011，初中任务型英语教材使用情况的调查与分析，《课程·教材·教法》（3）：69-74。

罗英、徐文彬，2020，试论教师使用统编教材的规则理路，《课程·教材·教法》（11）：36-42。

吕玉刚，2020，抓好统编三科教材使用落实立德树人根本任务，《课程·教材·教法》（10）：4-7。

乔晖，2008，基于创造性使用教材的教师专业发展，《教育理论与实践》（23）：33-34。

邵光华、张妍，2019，人教A版高中数学新教材特色分析及使用建议，《课程·教材·教法》（12）：109-114。

孙明霞，2012，新疆少数民族学前双语教材使用的思考，《新疆大学学报》（1）：94-97。

王宝安，2013，有效使用语文教材插图的策略，《教学与管理》（22）：66-68。

王世伟，2008，论教师使用教科书的原则：基于教学关系的思考，《课程·教材·教法》（5）：13-17。

王郢，2016，《教材研究导论》。北京：人民出版社。

文秋芳，2001，《应用语言学研究方法与论文写作》。北京：外语教学与研究出版社。

文秋芳、毕争，2020，产出导向法与任务教学法的异同评述，《外语教学》（4）：41-46。

夏征农，1999，《辞海》。上海：上海辞书出版社。

咸富莲、马东峰，2022，统编教材使用的内涵、原则与策略，《教育理论与实践》（5）：40-43。

徐锦芬、范玉梅，2017，大学英语教师使用教材任务的策略与动机，《现代外语》

（1）：91–101。

徐锦芬、刘文波，2023，外语教材使用：分析框架与研究主题，《现代外语》（1）：132–142。

杨进，2016，小学英语教师创造性使用教材策略研究，《中小学教材教学》（1）：20–23。

俞红珍，2005，英语教材的取舍和调整：本质、内容和方法，《中小学外语教学（中学篇）》（1）：11–13。

张虹、李会钦、何晓燕，2021，高校英语教材使用及其影响因素调查研究，《外语教学》(4)：64–69。

张虹、于睿，2020，大学英语教材中华文化呈现研究，《外语教育研究前沿》（3）：42–48。

张力，2002，将国外教材融入中学双语教学的体会，《生物学教学》（1）：11–12。

张敏瑞，2007，高校双语教学的教材建设和使用，《北京大学学报（哲学社会科学版）》（S2）：273–274。

张心科、文艺、赵瑞萍，2019，教材研究框架的建构及使用——以语文教材为例，《课程·教材·教法》（1）：26–33。

周燕，2008，使用新编《普通高等学校少数民族预科教材（试用）》两年制英语课本的体会，《西南民族大学学报》（S3）：155–157。

曾天山，1997，《教材论》。南昌：江西教育出版社。

中国大百科全书编辑委员会，1985，《中国大百科全书·教育》。北京：中国大百科全书出版社。

邹敏、陈则航，2023，基于思维品质培养的初中英语教材使用研究，《天津师范大学学报（基础教育版）》（3）：19–24。

9 中学英语教师教材使用取向研究

杨鲁新[a] 常 畅[b]

[a]北京外国语大学中国外语教材研究中心/英语学院
[b]北京外国语大学国际教育学院

提 要：教材价值的发挥离不开教材的使用过程。本文回顾了教材使用取向的内涵及相关研究，并对热点话题进行了评述与讨论。本文提供的真实研究案例采用质性研究方法，探究了两位中学英语教师的教材使用取向。研究结果表明：两位教师分别采用"教材使用调适取向"和"教材使用创生取向"；影响不同教师教材使用取向的因素涉及宏观社会环境、中观教学环境、微观个体差异等方面。笔者尝试分析了教材使用取向的复杂性、动态性、流变性等特征，以期为我国外语教育研究者和一线教师提供理论与实践参考。

关键词：教材使用取向；影响因素；中学英语教师

1 引言

教材价值的发挥离不开教材的使用过程。教材使用指学生和教师实际上如何使用教材、与教材进行互动，是教材开发与建设的终极目的（Graves 2019），也是教材理念落实的关键。教材使用过程即教学过程，涉及教学活动实施、教师在教材使用过程中的作用、教材使用的有效性评价等关键问题（毕争 2019；张虹等 2021）。教师的教材使用取向决定着教材价值在教学中的有效转化程度，更直接影响学生的学习投入。英语教学的发展历程，也是英语教材研究的发展历程。虽然教材研究一直受到外语研究者的关注（Guerrettaz & Johnston 2013），但与教材内容研究相比，教材使用取向相关研究才刚刚起步（Harwood 2021）。鉴于此，本文首先对教材使用取向的内涵进行梳理，然后对该领域的已有研究进行回顾与评述，并就相关热点问题进行思考和讨论。最后，提供真实研究案例，尝试探究我国中学英语教师的教材使用取向，为我国外语教育研究者和一线教师提供理论与实践参考。

2　研究脉络

2.1　内涵解析

教材服务于教学，是教师传授知识的主要途径，是实现教学目标的主要载体和重要手段（Cunningsworth 1984）。教材规定了课程的内容，细化了课程大纲，是英语教学中"看得见的心脏"（Sheldon 1988）。国内外学者从不同理论视角界定"教材"，揭示其本质内涵。从教育学视角来看，教材就是"教学工具"，是以育人为目的、承载特定学科内容的教学用书，教学性是其根本属性。例如，《教育大辞典》中记载：教材，亦称"教本""课本"，是根据课程标准或课程大纲编写的教学用书，是师生教学的主要材料，是考核教学成绩的主要依据，是扩大学生课外知识的重要基础（顾明远1998）。《〈基础教育课程改革纲要（试行）〉解读》指出，教材集中反映了国家的意识形态和教育理念，是衡量一个国家或地区基础教育水准的重要标志（钟启泉等 2001：188-189）。孙志昌（2013）认为，教材是教学活动的文本系统，包含三层逻辑递进关系，即教材是"教学之材"→教材是一个活动方式体系→教材是一个教学活动文本系统。

从多学科视角来看，教材不仅是课程内容和教学的支持工具，更是政治、文化和经济间权力博弈的产品，具有商品性、文化性、政治性、教学性等多重属性（王攀峰 2019：11）。例如，Chris（1994）认为，教材是一种提供理论知识的权威教学版本的合成商品，处于教育、社会、文化和出版的交叉路口。Pingel（2010）则提出，教材是人类走向国际理解的教育工具，除传递知识外，教材也确定了一个社会的政治文化规范。教材传达了对人文历史、社会规范及生活规约的全球性理解。由此可见，教材的内涵在时间和空间维度不断变化。它既是教学工具，也是文化产品；它既具有"教学性"的根本属性，更具有"文化性""商品性""政治性"等多维属性。因此，针对教材的研究，既需要考虑其研究主体与内容，更需要关注其研究视角和方法。

教材使用研究肇始于20世纪70年代（Masuhara 2022）。交际语言教学法（Communicative Language Teaching）的兴起使得教师在教学过程中不断评估教学材料，改变教材使用取向，以提升学生的交际能力（Candlin & Breen 1979；Cunningsworth 1984）。这一时期的教材使用取向研究文献通常被认为是专家评估教材的结果，因此往往被一线教师奉为教学宝典。近年来，教材使用与改编的相关实证研究逐渐涌现（Garton & Graves 2014；Harwood 2014；Tomlinson & Masuhara 2018）。相关研究的蓬勃发展主要取决于两个原因：一方面，统编教材与不同地区的教学现状不完全匹配；另一方面，教育研究者亟须了解教师使用教材的实际情况。

对教材文本的分析分为静态和动态两类。教材文本的静态研究过程就是对教材内容的分析；而教材文本的动态研究过程就是教材的使用过程，即探究教师如何利用教材开展教学活动，如何根据教学实际情况和学生发展水平改造教科书（李长吉、李志朋 2021）。毕争（2019）认为，对教学材料的使用过程就是教学过程，包含教学活动的实施、对语言形式的关注和对教学材料的有效性评价等。随着时代的发展，对外语教材使用的界定也从"各种因素影响下的教师、学习者、教材之间复杂动态的互动"（Hutchinson 1996：ii）拓宽至"教师、学习者与一个或多个教学材料之间紧密交织的内在互动"（Guerrettaz *et al.* 2021：16）。可见，"外语教材使用"的内涵越来越强调教材使用过程的复杂性、动态性、情境性以及教材使用者（教师或学生）的个体差异变化。

教材使用取向分析主要关注教师在使用过程中的角色和定位（徐锦芬 2022）。国内外研究者提出了不同的教材使用取向分析框架。Grant（1991）认为，教材使用取向可分为五个等级：一是使用，即教师直接使用教材中的内容教学；二是改编，即教师对教材的内容适当调整以适应课堂教学；三是更换，即教师可以合理整合教材内容，选择适合学生认知水平的材料；四是省略，即教师根据课堂需要删除部分内容开展教学；五是补充，即教师根据实际教学需要补充必要的教学资料。孔凡哲、史宁中（2008）构建了教材使用取向水平模型，将教师使用教材的水平等级分为误用、机械使用、常规、有些新意使用和有创意地正确使用五个级别。回顾早期文献可以发现，学者们提出的教材使用取向分析框架大都根据教师对教材内容的使用频率进行取向的等级划分。这也体现出真实课堂环境的复杂性和教师使用教材的主体性特征：学生用书并非唯一教学工具，学生的需求和课堂情境也在不断变化，教师需要动态地掌握学生个体差异，灵活地使用教材内容。

尽管早期研究中的教材使用取向分析模型各具特色，但 Shawer（2010）提出的三维框架最具代表性。他根据教师对教材的忠实程度，将教师归为三个类型：（1）课程传播者——"教教材"，此类教师视教材为脚本，练习及互动皆按照教材的顺序进行，极少进行改编；（2）课程开发者——"用教材教",此类教师视教材为跳板,会基于自己教学对象的情况对教材进行改编、补充或拓展;(3)课程创造者——"不用教材教",此类教师注重课程开始前进行学习者调研和分析,基于调研结果来设计课程,大部分情况下不使用教材,而是自行挑选或设计素材,有时将教材的目录或框架作为选材参考。Shawer(2010)的教材使用取向三维框架与早期研究提出的课程"忠实型-调适型-创生型"三维取向(Lloyd *et al.* 2008;Nicol & Crespo 2006;Snyder *et al.* 1992)一一对应。这一三维模型充分展现了教师、教材与教学的三种经典关系,为我们理解教师在教材使用过程中的角色和定位提供了有效思路。

由此可见,教师并没有固定的教材使用取向,可能受各种因素影响在时间和空间维度不断变化。上述概念框架为未来教材使用取向相关研究提供了有效的逻辑路径和分析思路。但是,这些框架的适用对象多为教师。作为教学过程中的主体之一,学习者的重要性不言而喻。学生对教材的使用取向直观反映了教材价值的转化效果。因此,期待未来看到更多学习者教材使用取向的研究与分析框架。

2.2 主要研究成果

国内外教材使用取向研究刚刚起步,为窥其全貌,笔者对相关研究进行了梳理。已有教材使用取向研究主要分为理论与实证两类。理论研究主题主要涉及:(1)对教材使用理论与原则的探讨;(2)对教材使用取向的建议及有效性评价。实证研究主题则包括:(1)教材使用策略;(2)教师使用教材的认知与心理;(3)教材使用取向的影响因素。

2.2.1 理论研究

外语教材使用取向理论研究主要聚焦于两个方面。第一,对教材使用理论与原则的探讨。Canniveng & Martinez(2003)认为外语教材使用应当是二语习得理论、教师认知(观念、态度、决策、个性)和教师经验这三者互动的结果,只有积极持续的互动才能有效促进语言学习。国内相关研究则不断探索产出导向法、任务型教学法等教材使用理论(毕争 2019;范祖承 2019),提出教师使用教材时应基于教科书并超越教科书,充分挖掘教材的内容资源,与学生平等协商,共同构建学习内容(咸富莲、马东峰 2022)。例如,范祖承(2019)尝试将思辨能力融入大学英语读写课程的教改实践过程中,依据产出导向法教材使用理论对教学设计流程和效果进行分析和评估，驱动学生进入思辨探究语境之中，促使其积极参与思辨和质疑。又如，毕争（2019）对比了"产出导向法"和"任务型教学法"两种教材使用理论，认为二者的本质差异主要在于教学对象和教学目标上，教师应该选取适合教学目标及学情的方法运用于课堂，充分考虑到地理位置、经济条件、教育资源、课程标准和教材内容等相关因素。

第二，对教材使用取向的建议及有效性评价。针对英语专业教材、大学英语教材、少数民族教材等种类繁多的教材，研究者提出了使用建议和评价。例如，网络教材是外语教学的新载体、新手段，呈现出内容多元化、过程互动化等特点，使用网络教学时应遵守相关指导原则（曲秀芬、陈力 2012）；少数民族地区教材应按照语音教学、词汇教学、语法教学、课文教学、作业练习等板块顺序丰富教材内容，充分考虑少数民族学生的实际情况，加强教材使用的统一性和科学性（周燕 2008）。

2.2.2 实证研究

教材使用策略研究是外语教材使用取向研究中的关键主题之一。首先，Remillard（1999）认为教师在使用教材时会采取三种互动方式，即规划（针对课程的结构和内容进行宏观的整体的调控）、设计（挑选设计具体教学活动中会采用的任务）和建构（根据真实课堂环境和教学情况临场调整和发挥），三种教师与教材的互动从宏观到微观层面展示了教师教材使用的图景。其次，相关实证研究表明，外语教师在教材使用过程中会对教材进行改编，如增加（在原有教材的基础上进行量的补充拓展或质的改进提升）、减少（删除、跳过某个教学活动或减少某个练习数量）、修改（根据学生基本情况或教学课时安排调整活动形式）和调整顺序，以更好地适应教学环境，提高教学效果（McDonough & Shaw 2003；徐锦芬、范玉梅 2017）。最后，Brown（2009）通过研究发现，教师的教材使用策略存在五种情况，包括选择（对教材内容的挑选与决定）、阐释（对教材内容的解读）、协调（对教学目标、教学情境的调适）、适应（对学生兴趣、能力等的教学调整）和增改（对教材的增减或删改），但不同的教材使用方式并无优劣之分，只体现了教师的不同选择。

值得一提的是，Shawer（2010）在其提出的教材使用取向三维框架中，详细阐述了三种教材使用取向对应的使用策略。在课程实施忠实取向下，教师作为课程传播者，通常采用单一的教学资源（学生用书或教师用书），按照课程大纲要求及教材中安排的单元、课、话题的顺序逐一进行讲解。这种教材使用策略是固定的、线性的、可预见的（见图1）。

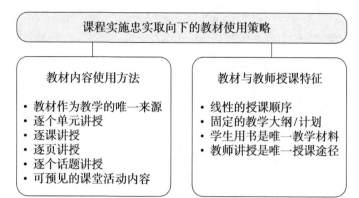

图1　课程实施忠实取向下的教材使用策略（参见Shawer 2010）

在课程实施调适取向下，教师作为课程开发者，使用的策略通常涉及宏观和微观两个层面。其中，教材的宏观使用策略包括改变课程、发展课程、补充课程、改编课程、规划课程、课程实验、设计课程、评估教材等，微观使用策略则包含多种资源输入、灵活使用教材框架、灵活安排课程顺序、补充课程/单元/任务主题等（见图2）。

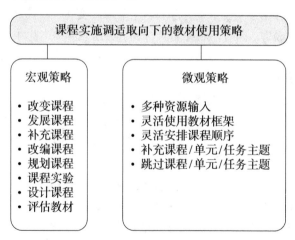

图2　课程实施调适取向下的教材使用策略（参见Shawer 2010）

在课程实施创生取向下，教师作为课程创造者，会事先评估学生的需求，并根据评估结果，（在课程范围内）选择适合学习者的话题，灵活构建课程框架，安排教学内容、顺序及课堂活动，自发编写教材，以满足学生的个体差异及课堂情境的动态变化。这类教材使用策略通常视角新、难度大、覆盖面广（见图3）。

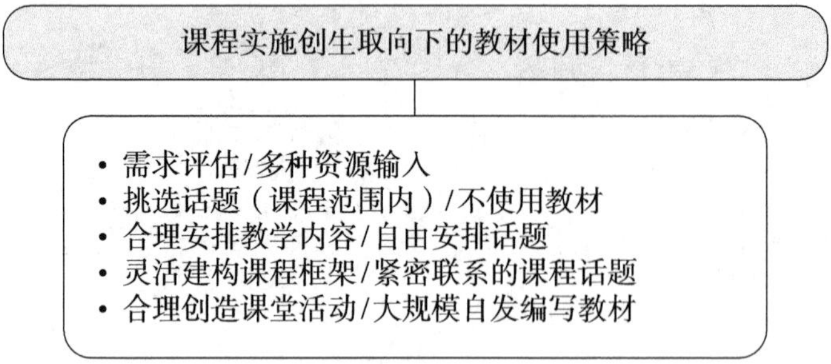

图3　课程实施创生取向下的教材使用策略（参见Shawer 2010）

　　在教材使用取向的相关研究中，国内外研究者始终关注教师对教材的认知及其在使用教材过程中的心理变化（如国红延、王蔷 2013；覃建巧 2008等）。教师是教材使用过程的决策者，教师的教材观及其在教材使用过程中的角色定位体现着不同的教学理念。相关研究（如邹敏、陈则航 2023）结果表明，中学英语教师是教材使用的能动者以及教材和学生之间的中介者，其教材使用观根据学情、课程标准和教学环境的变化，逐渐从"教教材"转变为"用教材教"；同时，教师的教材观、英语教学观和思维品质观直接影响其教材使用，教师在此过程中不断反思自身信念，设定不同教学目标，运用多种教材使用策略。

　　教材使用取向的影响因素也是国内外研究者关注的重点。相关实证研究（Norton & Buchanan 2022；Shawer 2010；林娟、战菊 2015；罗少茜、徐鑫 2011；徐锦芬、范玉梅 2017；张虹等 2021）结果表明，影响教师教材使用行为的因素繁多，包括宏观、中观、微观及教师主体等因素。其中，宏观因素涉及课程标准、考试制度、经济条件、地理位置等外部环境。中观及微观因素涵盖学生水平及需求、教学资源丰富程度、教材内容、教学效果、同事互动等教学环境。教师作为教材使用的主体，其自身能动性、动机、教学理念、学科知识、课程意识、教材观、教材使用培训经历等皆有可能影响教材使用行为。在已有研究中，最具影响力的是Hutchinson（1996）提出的教材使用影响因素分析框架。该框架包含四个因素，即教师因素（信念、经验、培训和风格）、学生因素（能力、信念）、教材因素（内容、难度和篇幅）、课堂及制度因素（课时、教室等）。这一框架涵盖了"教师-学生-教材-教学"这一共同体中的不同因素，为我们理解和分析教师教材使用取向的影响机制提供了依据。

2.2.3 研究述评

上述研究表明，国内外研究者已经意识到了教材使用取向研究的重要意义，也不断从各种视角探究教材使用过程中涉及的重点问题。然而，教材使用取向相关研究才刚刚开始，已有研究仍存在诸多问题。

首先，已有文献主要涉及两种研究视角。理论文献多从宏观角度探讨英语教材使用的理论与原则，并针对不同类型英语教材的内容设计和编写特点提出使用建议和有效评价（如毕争2019；范祖承2019；曲秀芬、陈力2012；张敏瑞2007；周燕2008）。实证研究则多从客位研究者层面出发，调查国内外教材使用的整体情况（如张虹等2021；邹敏、陈则航2023），一线教师深度参与的研究较少。然而，教师是教学活动的主体，理应深入教材研究，关注并发表对教师教材观的理解与看法，如此有助于全方位剖析教师的教材使用现状，进而促进教学发展与改革。

其次，已有研究内容主要涉及三个方面的问题。第一，现有理论文献多为哲学思辨性探讨和对某一教材的使用建议和评价，以服务实际英语教学为目的、将理论与实践结合起来的系统性研究寥寥无几。第二，已有实证研究或是关注教材使用整体情况，或是考察英语教师的教材使用策略及教材观，缺少相关理论框架的支撑，且对教师、学生及教学情境的互动与变化论述不足。第三，研究对象多为大学外语教材，对基础教育阶段外语教材关注不够。

最后，在研究范式方面，科学实证研究范式较多，大多数研究将教材视为客观存在的知识实体（如罗少茜、徐鑫2011）；而人文理解研究范式较少，教材的社会文化建构特征（如徐锦芬、范玉梅2017）未得到广泛关注。从实证研究方法来看，定量研究居多，定性研究较少，混合研究寥寥无几；横向大规模调查较多，纵向历时性追踪研究较少。因此，未来相关研究可尝试采用更多质性研究方法与历时性跟踪调查，此类研究有利于深入剖析教师教材使用取向的复杂性和动态性特征。

3 研究案例

本小节基于真实研究案例，以两位中学英语教师为研究对象，采用回溯式访谈、文本分析等研究方法，以 Shawer（2010）的教材使用取向三维框架为概念框架，深入探究我国中学英语教师的教材使用取向及影响因素。讨论部分则尝试剖析"教材–教师–学生"这一教学系统的复杂性、动态性、流变性，以期为我国外语教材使用取向研究及外语教学发展改革提供参考。

3.1 研究问题

该案例研究旨在探讨以下两个问题：

（1）中学英语教师的教材使用取向有何特征？

（2）不同英语教师的教材使用取向是否发生变化？如发生变化，影响因素是什么？

3.2 研究设计

3.2.1 研究场域与研究参与者

该案例研究以我国两所中学的英语课堂为研究场域。学校 A 是北方一所全国重点中学，校内分一类实验班、中等实验班、普通班等各类班级。学校 B 则为南方一所普通私立中学，不区分班级类型。两所学校的英语学科授课均以国内某大学出版社出版的教材为主。

研究参与者为两位中学英语教师。竹老师（化名）教龄 10 年，主要负责教授学校 B 高二年级英语课程。兰老师（化名）教龄 20 余年，具有丰富的教学经验，主要负责教授学校 A 高三年级英语课程。

研究者向两位研究参与者介绍了研究的主要目的，并承诺依据保密原则等研究伦理，获取研究参与者的信任。征得两位研究参与者同意后，向其发放邀请信及研究知情同意书。

3.2.2 数据收集与分析

研究的数据收集方法以回溯式访谈为主，以研究日志、实物资料等方法为辅。回溯式访谈旨在了解研究参与者的背景信息、对教材的认识、教材使用现状以及对现有教材的评价等。访谈经参与者同意后录音，后全部转写成文本，供后续数据分析使用。研究日志由研究者撰写，主要记录研究实施过程中的所见所想。实物资料包括课程大纲、教学材料、学校官网信息等。

数据分析采用质性研究中情境分析与比较归纳分析相结合的类属分析法（陈向明 2000）。首先，通过逐字逐句反复阅读，对数据进行语块标注，重点关注体现教师教材使用取向的关键片段，形成开放式编码，即一级编码。其次，寻找语块中相关意义单位的内在联系，对不同教材使用观、使用策略、使用方法及影响因素进行归类，形成二级编码。最后，对数据进行进一步主题提炼，归纳出不同教师教材使用取向的显著特征以及影响因素的类属，进而上升到理论层次，形成三级编码。数据分析和编码具体过程如表1所示。

表1　数据分析编码举例

三级编码	二级编码	一级编码	数据举例
教材使用取向	课程开发者——教材使用调适取向	教材观（对教材的比喻）	它（教材）可能就像一个超市一样，它里面的一些物品的摆放可能会满足不同学生群体的需求。（竹老师访谈）
		对教材的认知	教材中设置的题型和内容落地性不是很强，有些"飘"。（竹老师访谈）
		对教师用书的看法	就像"一个萝卜一个坑"，没有那种很灵活的东西。（竹老师访谈）
		教材使用策略	感觉教材内容不合适时，我会删除、改编、增加，也会调整顺序。（竹老师访谈）
教材使用取向	课程创造者——教材使用创生取向	教材观（对教材的比喻）	（教材）它更像是一个超市，让老师来选内容讲授。（兰老师访谈）
		对教材的认知	教材并不面对学生，它只是提供一个素材，老师必须发挥能动性。（兰老师访谈）
		对教案的使用	教师随时随地都在备课，我觉得写教案是一件特别刻板的事情。（兰老师访谈）
		教材使用困境	现在的教材内容缺乏逻辑，整合难度比较大。（兰老师访谈）

（待续）

（续表）

三级编码	二级编码	一级编码	数据举例
影响因素	宏观社会环境	城市水平	我们学校位置比较偏，资源没有那么优越。（竹老师访谈）
		学校性质	私立学校的考核机制跟公立学校的是不一样的。（竹老师访谈）
	中观教学环境	教学大纲	为了完成市里下达的教学任务和课时限制，我们按照学校固定的教学大纲和目标讲课。（竹老师访谈）
		课时限制	
	微观个体差异	兴趣、动机	如果思维跟不上的话，学生就容易对英语失去兴趣。（兰老师访谈）
		学习经历	有些学生来自乡镇，有时候他们看不懂教材内容。（兰老师访谈）

研究遵循自愿公开、隐私保密及公平回报等伦理原则，通过详细描述、三角验证、成员检测等方式确保研究的可信度。

3.3 研究发现

通过分析数据，笔者发现，案例中两位老师的教材使用行为特征代表了不同的教材使用取向。竹老师作为课程开发者，采用"教材使用调适取向"；兰老师作为课程创造者，主要采用"教材使用创生取向"。影响老师们教材使用取向的因素涉及宏观社会环境、中观教学环境、微观个体差异等方方面面。

3.3.1 不同教师教材使用取向特征

1）竹老师：课程开发者——教材使用调适取向

竹老师在课堂教学中主要充当"课程开发者"的角色，其"教材使用调适取向"体现在他的教材观、对教材的认知、教师用书的使用、教材使用策略等方面。竹老师认为，教材不应该比作"考试宝典"，因为宝典是浓缩考试重点的一个知识集合体，学生直接使用宝典可以缩短复习时间，减少复习成本。教材中的知识体系则比宝典更为复杂，其中的教学重点、难点需要教

师高度提炼。竹老师认为外语教材更像是一个"超市",他在访谈中阐述了理由:

> 因为不管是单词也好,语法也好,篇章也好,句型也好,教材可能就像一个超市一样,它里面的物品的摆放可能会满足不同学生群体的需求。不同的学生在同一门教材里面,他们的需求点肯定是不一样的。(竹老师访谈)

由此可见,竹老师秉承的教材使用方法须满足学生的个体差异。同时,为了体现教材对考试的指引作用,竹老师又用"指南针""向导"这样的比喻来描述外语教材:

> 为什么是指南针?顾名思义,"指南针"它就是引导一个人往前走对吧?它是一种方向标对吧?是一个向导对不对?教材是作为学生使用的最原始、最基础的学习材料,那么不管是平时的学习还是考试的知识点的设置和采用,可能都是要参照教材。考试它不可能是随便命题的,它肯定要有一个方向标。(竹老师访谈)

竹老师的教材使用调适取向也体现在他对外语教材的认知中。他认为,现在使用的这套教材的整体逻辑限制了他的教学思路。具体而言,教材中设置的题型和内容落地性不强,"有些'飘'"(竹老师访谈),缺乏固定的逻辑。如果教师完全按照教材设计的内容体系授课,学生可能会对外语课失去兴趣,教师的创新型教学理念也无法体现在课堂教学过程中。

在访谈中,竹老师也讲述了他对教师用书的看法:

> 好像"一个萝卜一个坑"一样,没有那种很灵活的东西。因为我上课是会去选一些重点,非重点的比如说 role play、group work 这一块,我就直接把它删除了。教师用书是严格按照教材的顺序去编的,它缺乏重点,也没有重难点的区分,让你感觉好像每个都要学,但好像每一个都不是那么重要。(竹老师访谈)

可以看出,竹老师用"一个萝卜一个坑"这样形象的比喻来说明教师用书的内容机械化、缺乏重点、无法形成体系。因此,竹老师在备课过程中一般不使用教师用书。

在教学过程中,竹老师会使用删除、改编、调整顺序、增加等策略,但为了突出教学内容的重要性、提高教学效率，这些策略的使用频率不同，具体频率如表2所示：

表2　竹老师教材使用策略频率表

	删除	改编	调整顺序	增加
从不				√
有时			√	
经常				
总是	√	√		

2）兰老师：课程创造者——教材使用创生取向

兰老师在课堂教学中主要充当"课程创造者"的角色，其"教材使用创生取向"体现在她的教材观、对教材的认知、教案的使用、教材使用困境等方面。与竹老师类似，兰老师的教材观也体现在她对教材的比喻中。兰老师用"杂志""超市"这样的比喻形容教材：

> 它（教材）更像一本杂志，每课涉及的深度都不够，可能是为了要全国使用。它也更像是一个超市，让老师来选内容讲授。但是在备课的时候，我往往会发现这类教材逻辑性不太够。（兰老师访谈）

兰老师认为，教材并不是直接面对学生，而只是间接性地提供教学素材，所以教师必须发挥主观能动性，利用话题整合教学内容。例如，兰老师在准备新话题"教育"（Education）的时候，会采用倒推思路。之前讲解过的话题中，主题为"Helen Keller"的一课教学目标为"学会爱"（Love）；主题为"Galileo"的一课教学目标则为"追求知识与真理"（Seeking for knowledge）。那么，新一课的"教育"主题，兰老师将"教育的理念与学习的最高境界"确定为本课教学目标，由此设计教学活动，与学生共同探讨此主题（见图4）。

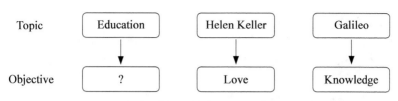

图4　兰老师"教材整合观"教学思路案例

通过此案例，我们可以发现兰老师的"教材使用创生取向"的核心观点为"教材整合观"。值得一提的是，虽然兰老师负责教授的是一类实验班的学生，但教学经验丰富的她认为，教授普通班学生同样要用"话题"。兰老师谈到，她觉得"教材是死的，课是活的"（兰老师访谈），所以她从来不写教案，原因如下：

> 我从来不写教案。因为其实教师随时随地都在备课，我觉得写教案是特别死板的一件事情，然后，课就会模板化、模式化。课是流动的，是跟学生真正交流的，而不是说教师是在背教案里的东西，教师要根据学生的情况随时改变。我是根据话题、根据我的学生来设计课，而不是根据上面培训的一个教案的模板来上课。这是完全不一样的，一个是死的，一个是活的。我要面对学生，所以我不写教案。（兰老师访谈）

正是因为兰老师始终秉持这种与众不同的"教材使用创生取向"，她和团队在外语教材的使用过程中也会遇到诸多困境。他们认为：（1）现行教材缺乏逻辑，整合难度比较大；（2）教材中的话题涉猎范围广，深度不够；（3）考试标准与显性教学间存在差距；（4）模板化的教学培训无法给教学带来生机与活力。

面对这些困难，兰老师始终秉持"教育为本"的教学理念，根据教学的实际情况不断更新自己及团队的"教材整合观"。一方面，兰老师充分发挥经验教师的"传帮带"作用，在听课说课、工作坊、日常交流等各种场合帮助组内年轻教师厘清教学逻辑，以话题为线将教学思路融入教材与课堂教学活动中。另一方面，兰老师带领团队一起借鉴国外原版教材，并尝试自编一些教辅材料，尊重学生的主体性，以学生感兴趣的话题穿起课堂教学的主线。

因此，我们可以从上述数据中总结出不同教师外语教材使用取向的基本特征：在竹老师的"教材使用调适取向"下，教师主要充当"课程开发者"

的角色，教师不会完全按照教材顺序授课，会依据学生的个体差异对教学内容进行改编。在兰老师的"教材使用创生取向"下，教师主要充当"课程创造者"的角色，通常体现为"话题导向观"及"学生活动观"。

3.3.2 不同教材使用取向影响因素

不同外语教师的教材使用取向并非一成不变，而是在空间和时间维度不断变化，主要影响因素涉及宏观社会环境、中观教学环境及微观个体差异。

第一，宏观社会环境。学校性质、时代特点及城市水平在不同程度上导致了教师不同的教材使用取向。例如，案例研究中的兰老师所在工作单位为全国重点公立中学，学校优越的制度和丰富的教学资源使得学校教师能够更好地发挥主观能动性，创新教学方法；而竹老师所在的学校是南方一所普通私立中学，教师总是面临"在公立学校与培训机构的夹缝中生存"的困境，竹老师在访谈中详细阐述了这种困境：

> 私立学校的考核机制跟公立学校的是不一样的。培训机构能够生存，最根本的动力肯定就是要抓学生的成绩，所以基础教育辅导机构的教材不可能用学校的教材。私立学校它也抓基础教育，但是没有职称要求。那么老师的考核标准是什么？你带的班到底是好还是坏？成绩如何？这是考核教师的一个很重要的标准。（竹老师访谈）

第二，中观教学环境。课程大纲、考试要求、课时限制、班级类别等因素皆会影响教师教材使用取向的变化。案例研究中的B学校是一所普通私立中学，不区分班级类别，且为了完成省、市、区各级单位下达的教学任务和课时限制，竹老师及其同事只能按照学校固定的教学大纲和目标进行英语授课。相比之下，A学校倡导因材施教，校内区分一类实验班、中等实验班、普通班等各类班级，且学校给予教师充分的自由，让其改变教材使用取向，创新教学方法。

第三，微观个体差异。年龄、学习经历及教学经验使得外语教师拥有不同的教学理念和教材使用观，进而影响其教材使用取向。同时，学生的语言水平、需求、兴趣、动机等因素也会直接影响教师教材使用取向的变化。例如，兰老师在访谈中谈到，学生的兴趣和动机在教师整合教材内容的过程中起关键作用：

> 以前的教材离新课标的要求很远，语言过于简单，我们一课书都用

不了。现在的新教材思路缺少逻辑性，我们需要在教材话题的基础上进行整合，但整合难度是非常高的。面对学生，从哪个角度出发能够匹配学生的思维？怎么让他们有兴趣？你得让学生觉得，课堂内容能引发他们深度思考，这个是高中老师必须面对的一个问题。（兰老师访谈）

3.4 讨论与启示

上述研究发现表明，"教师－教材－学生"这一教学系统具有复杂性、动态性、流变性等特征。这些特征主要体现在两个层面：（1）教材使用取向的个体差异；（2）教材使用系统与环境的互适应性。

一方面，不同教师的教材使用取向具有个体差异。竹老师在访谈中提到了这一点：

> 我们学校不是每个老师都这样做的，年龄的结构是参差不齐的，像年龄大一点的教师，他可能直接用。好多老教师都是照本宣科，从一单元第一页开始上，然后 Section A、B、C，完全按照教材来教。（竹老师访谈）

由此可见，B学校教师在教授英语学科时，遵循的是不同的教材使用取向。竹老师会采用一定的教材使用策略，坚持"教材使用调适取向"；而该学校其他老教师则完全遵循教科书的固定内容，反映出一种"教材使用忠实取向"。

在A学校，教材使用取向同样具有个体差异。例如，兰老师的"教材使用创生取向"与其年级组新手教师的"教材使用调适取向"形成鲜明对比。这也同时体现了经验教师与新手教师间的代际传递：

> 我们这边是让大家因材施教，因为我们有15个班。我教一类实验班，有一个年轻教师跟我一样，也在教这种班，那他就可能一课一课地教。然后还有普通班、中等实验班，他们更是一课一课地教，整合幅度小一点。我主要是用话题，因为我主要是要达到育人这个目的。（兰老师访谈）

另一方面，教材、教师、学生与影响因素之间是相互影响、动态变化、彼此适应的。教材、学生、教师是教材使用过程中的重要因素，构成了"教材使用取向系统"。而教材、学生及教师可以被看作三个子系统，子系统间相互影响、相互制约，一个因素的变化会引发其他因素改变（见图5）。

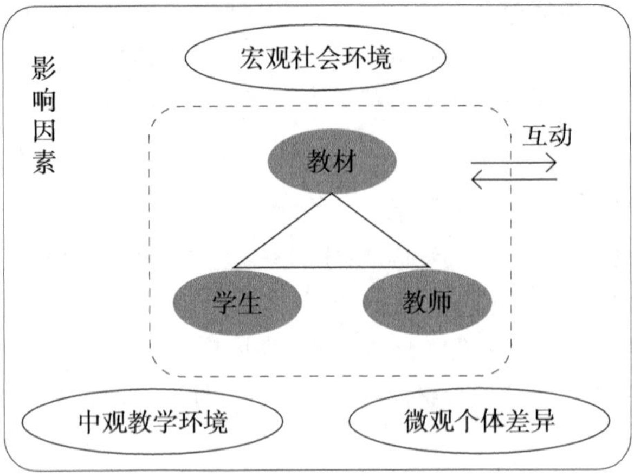

图5　教材使用取向系统

　　教材使用取向受到诸多因素，包括宏观、中观与微观因素的影响。如果把影响因素比作一个系统，那么宏观社会环境、中观教学环境、微观个体差异都成为其中的子系统，它们彼此间也相互促进或相互制约。从研究发现中可以看出，在教材使用过程中，教材、教师、学生受环境影响，不断变化；同时，三者的变化反哺于环境，使得环境发生改变。这也体现了系统与环境的互适应性特征，而系统间的变化与系统内的变异也正是体现在这种动态互动之中。

　　该案例研究发现与讨论在教材设计、教师培训、个体差异等方面为一线教师提供了教学启示。同时，对于外语教师教材使用取向的研究者来说，未来研究应注意拓展教材使用情境、关注教材使用过程、采用多元研究方法（徐锦芬 2022）。

4 结语

　　本章首先对教材使用取向内涵进行了梳理，继而对该领域的已有研究进行了回顾，并对相关热点话题进行了讨论与评述。章节最后提供了真实研究案例，采用质性研究方法，探究了两位中学英语教师的教材使用取向，并尝试分析了"教材使用取向"这一系统的复杂性、动态性、流变性等特征，为我国外语教育研究者和一线教师提供了理论与实践参考。然而，从当前已有文献资料来看，我国英语教材使用取向研究相当匮乏。因此，未来相关研究应注重：（1）丰富研究内容，开展综合性、系统性研究；（2）拓宽研究视角，进行多方位、立体化探索；（3）转变研究范式，实现研究方法的动态转向和智能转向。

参考文献

Brown, M. 2009. *Mathematics Teachers at Work: Connecting Curriculum Materials and Classroom Instruction*. New York: Routledge.

Candlin, C. N. & M. P. Breen. 1979. Evaluating and designing language teaching materials. *Lancaster Practical Papers in English Language Education* 2:172-216.

Chris, S. 1994. Paradigms regained: Towards a historical sociology of the textbook. *Journal of Curriculum Studies* (1): 1-29.

Cunningsworth, A. 1984. *Evaluating and Selecting EFL Teaching Materials*. London: Heinemann.

Garton, S. & K. Graves. 2014. *International Perspectives on Materials in ELT*. Basingstoke: Palgrave Macmillan.

Grant, N. 1991. *Making the Most of Your Textbook*. New York: Longman.

Graves, K. 2019. Recent books on language materials development and analysis. *ELT Journal 3*(1): 337-354.

Guerrettaz, A. M. & B. Johnston. 2013. Materials in the classroom ecology. *The Modern Language Journal 97*(3): 779-796.

Guerrettaz, A. M., M. M. Engman & Y. Matsumoto. 2021. Empirically defining language learning and teaching materials in use through sociomaterial perspectives. *The Modern Language Journal 105*(S1): 3-20.

Harwood, N. 2014. Content, consumption, and production: Three levels of textbook research. In N. Harwood (ed.). *English Language Teaching Textbooks: Content, Consumption, Production*. Basingstoke: Palgrave Macmillan.

Harwood, N. 2021. Coda: An expanding research agenda for the use of instructional materials. *The Modern Language Journal 105*(S1): 175-184.

Hutchinson, E. G. 1996. What Do Teachers and Learners Actually Do with

Textbooks?: Teacher and Learner Use of a Fisheries-Based ELT Textbook in the Philippines. Ph. D. Dissertation. University of Lancaster.

Lloyd, G. M. 2008. Curriculum use while learning to teach: One student teacher's appropriation of mathematics curriculum materials. *Journal for Research in Mathematics Education* 1: 63-94.

McDonough, J., C. Shaw & H. Masuhara, 2013. *Materials and Methods in ELT: A teacher's guide.* John Wiley & Sons.

Masuhara, H. 2022. Approaches to materials adaptation. In J. Norton & H. Buchanan (eds.). *The Routledge Handbook of Materials Development for Language Teaching.* Routledge:277-289.

Nicol, C. & S. Crespo. 2006. Learning to teach with mathematics textbooks. *Educational Studies in Mathematics* 62: 331-355.

Norton, J. & H. Buchanan. 2022. *The Routledge Handbook of Materials Development for Language Teaching.* London & New York: Routledge.

Pingel, F. 2010. *UNESCO Guidebook on Textbook Research and Textbook Revision.* Paris: UNESO.

Remillard, J. T. 1999. Curriculum materials in mathematics education reform: A framework for examining teachers' curriculum development. *Curriculum Inquiry* 29(3): 315-342.

Shawer, S. 2010. Classroom-level curriculum development: EFL teachers as curriculum-developers, curriculum-makers and curriculum-transmitters. *Teaching and Teacher Education* 26: 173-184.

Sheldon, L. E. 1988. Evaluating ELT Textbooks and Materials. *ELT Journal* 42(4): 237-246.

Snyder, J., F. Bolin & K. Zumwalt. 1992. Curriculum implementation. In P. W. Jackson (ed.). *Handbook of Research on Curriculum.* New York: Macmillan. 402-435.

Tomlinson, B. & H. Masuhara. 2018. *The Complete Guide to the Theory and Practice of Materials Development for Language Learning.* Hoboken: Wiley-Blackwell.

Verspoor, M., W. Lowie & M. van Dijik. 2008. Variability in second language development from a dynamic systems perspective. *The Modern Language*

Journal 2: 214-231.

毕争，2019，"产出导向法"与"任务型教学法"比较：教学材料设计与使用，《外语教学》（4）：61–65。

陈向明，2000，《质的研究方法与社会科学研究》。北京：教育科学出版社。

范祖承，2019，产出导向法教材使用理论在大学英语思辨性读写教学中的应用，《外语教育研究前沿》（1）：38–43。

顾明远，1998，《教育大辞典》。上海：上海教育出版社。

国红延、王蔷，2013，高中英语教师对新课程教科书的认识与使用研究，《课程·教材·教法》（8）：59–65。

李长吉、李志朋，2021，从静态文本到动态过程：教科书研究的未来走向，《课程·教材·教法》（8）：45–50。

林娟、战菊，2015，"活动"中的英语写作教材评估与使用——来自高校英语教师的声音，《现代外语》（6）：790–801。

罗少茜、徐鑫，2011，初中任务型英语教材使用情况的调查与分析，《课程·教材·教法》（3）：69–74。

覃建巧，2008，民族地区高校英语教师使用教材的负面心理分析，《黑龙江高教研究》（6）：82–84。

曲秀芬、陈力，2012，网络英语教材的优势及其在教学中的实现——兼谈《英语（新目标）》网络教材的特点和使用，《课程·教材·教法》（12）：24–28。

孙志昌，2013，教科书的本质：教学活动文本，《课程·教材·教法》（10）：16–28。

王攀峰，2019，《教科书研究方法论》。广州：广东教育出版社。

咸富莲、马东峰，2022，统编教材使用的内涵、原则与策略，《教育理论与实践》（5）：40–43。

徐锦芬、刘文波，2022，外语教材使用：分析框架与研究主题，《现代外语》（1）：132–142。

徐锦芬、范玉梅，2017，大学英语教师使用教材任务的策略与动机，《现代外语》（1）：91–101。

张虹、李会钦、何晓燕，2021，我国高校本科英语教材存在的问题调查，《外语与外语教学》（1）：65–75。

张敏瑞，2007，高校双语教学的教材建设和使用，《北京大学学报》（S2）：273–274。

钟启泉、崔允漷、张华（主编），2001，《为了中华民族的复兴 为了每位学生的发展：〈基础教育课程改革纲要（试行）〉解读》。上海：华东师范大学出版社。

周燕，2008，使用新编《普通高等学校少数民族预科教材（试用）》两年制英语课本的体会，《西南民族大学学报（人文社科版）》（3）：155–157。

邹敏、陈则航，2023，基于思维品质培养的初中英语教材使用研究，《天津师范大学学报》（3）：19–24。

10 英语教科书的多维透视：基于同课异构的案例分析

李 琛[a] 杨鲁新[b]

[a]对外经济贸易大学英语学院

[b]北京外国语大学中国外语教材研究中心/英语学院

提 要：本研究采用质性个案研究方法，基于中学英语教师的同课异构教学案例，聚焦于教师的教材使用层级转化过程，探讨教学活动中的教科书应用情况及影响因素。本研究发现，教师使用教材的行为会随着教学活动的推进而发生转化，具体表现为选择、阐释、调节和适应四种互动活动特征。其中，选择和阐释多发生在"法定教材"与"教师设计的教材"阶段，而调节和适应则多分布在"教学中运作的教材"和"他者体验的教材"中。除学生现有发展需求外，以教材为载体呈现的语言知识（即教学目标）和教师对教材文本的阐释（即教师能力）是影响教师教材使用实践的主要因素。本研究建议，未来的英语教科书开发须重视文本与他者的互动要素，建立教材与使用者的互动空间，从而进一步提升教材的教育价值。

关键词：中学英语；同课异构；教材使用；层级转化

1 引言

教材是课程大纲的可操作化表现，通常也称为"课本"，往往构成一些课程的基本教学内容和核心教学资源（Gautschi 2018）。教材可以向使用者传递知识、目标与价值等教学内容（Brown 2009；林娟、战菊 2015）。然而，教学内容本身却不等同于教材，它还需要经过一些教育学的加工，才能真正转化为教师的教学材料和学生的学习材料。在现代教学论的框架下，教材具备信息源、结构化、指导性等三大功能，这意味着教材需要向使用者传递真实而有价值的信息，建构条理且结构化的知识体系，以及提供与学习相关的方法类指导（钟启泉 2008）。在教学实践中，教材的功能可具体表现为减少教师的备课时间，为教师提供显性且连贯的教学方法，为新手教师提供教学支持（教师用书），为学习者提供学习便利，让标准化教学成为可能，作为文化工具可以提供额外的学习资料，等等（McGrath 2002）。

通常情况下，教科书质量越高，其潜在的教育优势就越大。然而，教科书的存在并不能完全预测有效教学的发生，这与教科书使用的具体社会文化情境，与使用者的理解、解读与使用息息相关（Graves 2019；Kim & Canagarajah 2021）。曾有学者就教材、教师和学习者三要素之间的关系展开过详尽论述，或强调教师在教材和学习者之间的中介作用，或将教师视同为教学资源，或关注学习者与教材的互动，或呈现三要素之间的动态建构关系（Bolitho 2008），从而为理解教学关系、提高教学质量提供更多视角。在课堂中，教师往往在教材使用上扮演着极为重要的角色。例如，部分教材使用取向研究讨论教师在课程教学中的角色与自我定位（林娟、战菊 2015；徐锦芬、范玉梅 2017；张虹等 2021），安桂清（2019）论述的教师"教教材""用教材教"和"不用教材教"三类教学行为，就反映了教师与教材从拘谨到自由的关系变化。在大多数情况下，尤其在中小学阶段，教师虽然在课本的选择上不能享有绝对自主权，但是在具体课程的实施方面，教师却会根据学情、校情等要素自主选择课本中的教学材料，使之与学生的学习需求、学段的培养目标相匹配（Harwood 2010；McGrath 2002）。

教材本身并不能实现育人功能，只有当课本被教师带入课堂，并通过教师的讲授进入学生的学习和生活的时候，其价值功能才得以彰显（Prodromou 2002）。教材作为一个调和教师与学生、教育与学习行为的中介体，存在于使用者的社会交互作用过程中（Guerrettaz et al. 2021），其存在方式（Matsumoto 2019）、表现特征（McDonough et al. 2012）等内容均在以往的教材研究文献中得到了广泛的讨论。教材使用主要关注教学活动中发生在教师、学生和实体或非实体材料之间的互动行为、方式及相关影响因素（Menkabu & Harwood 2014；张虹等 2021），关注教材的动态特征在教材研究领域具有重要意义。正如钟启泉（2008：9）所言，"我们对教材的关注不应仅停留在静态界定层面，更应关注教材的动态功能性"。已有研究表明，教师在课堂中对教材的二次开发或改编已成必然趋势（McDonough et al. 2012；Tomlinson 1998），而学生需求和教学背景（如课程标准、教学改革）则是他们进行教材实景开发的主要考虑因素（沈健美、林正范 2012）。

在语言教育中，无论是官方发行的教科书或是教师自己准备的授课材料，都在课堂教学中扮演着重要角色，"为教师提供帮助，为教学提供补充，为学生提供支持"（McGrath 2002：x）。当下，虽然国内外已有不少学者对教材的内容构成、教材使用类型（Shawer 2010；安桂清 2019）、教材二次开发（McDonough & Shaw 2003；Grammatosi & Harwood 2014）等展开过细致深入的研究，但是对外语教材使用的关注仍然较少，尤其在课堂实操层面推进的教材使用研究仍然匮乏（徐锦芬、刘文波 2023）。

鉴于此，本研究尝试立足于教师视角，从教师理解、分析和研究教材的需要出发，讨论教科书使用的目的、方法、评价等一系列问题，通过课例将教材使用理论、课程理论、教学实践等不同层面的知识衔接在一起，探究实际课堂教学情境中教师对教科书的理解、解读与使用情况，分析不同教师之间存在的共性与差异及其影响因素。本研究拟回答如下问题：

（1）不同教师在同一种教材的课堂应用上有什么表现？

（2）教师的教材应用实践受到哪些因素的影响？

2　研究设计

2.1　研究场域

本研究的主要研究场域为一场同课异构活动，依托北京市某优秀教师培训项目展开。在活动过程中，主办方邀请了来自不同地域院校的两位高中英语教师用指定的教学材料，依照指定教研主题为来自不同班级的初一年级学生讲授公开课并进行说课。如表1所示，来自北京的梅老师（化名）和来自南京的应老师（化名）围绕"英语教学中文化意识的培养"的构课主题分别进行了40分钟的公开课展示和约10分钟的说课活动。之后，相关学者和专家教师对公开课的教学活动设计、教学目标达成、课堂互动效果等内容进行了点评。参与公开课学习的其他教师也在现场针对授课情况进行针对性的讨论与沟通，从而达到在实践中促学、在对话中促思、在反思中促研的教师培训目的。在本次活动中与会教师也进行了约28分钟的问答与总结。活动结束后，梅老师针对此次同课异构的交流撰写了反思日志。

表1　研究资料概览

同课		
教学材料	Following a Dream，选自 *English in Mind 1* 第五单元 Successful People（校本课程）	
授课对象	初一年级学生	构课主题	英语教学中文化意识的培养

（待续）

（续表）

异构			
授课教师	梅老师（北京）	授课教师	应老师（南京）
材料清单	教案（1088字）	材料清单	教案（1110字）
	授课录音（40分钟）		授课录音（40分钟）
	说课录音（9分钟）		说课录音（10分钟）
	反思（2433字）		
共评			
专家评课	20分钟	问答与总结	28分钟

　　进行授课的梅老师和应老师均为经验教师，从事英语教学工作十余年，曾获得所在地区的"骨干教师""先进教育工作者"等荣誉称号，有多次公开课展示的经验。她们热心英语教育，并积极参加各类英语教研活动、开展教学研究、撰写教研论文等。此外，两位教师在其公开课备课磨课的过程中，均接受了所在地区教研员或专家教师的指导，这为她们呈现更优良的公开课提供了不小的帮助。

　　另外，参与公开课活动的学生均是来自南京某外国语中学初一年级两个班的学生，学习动机较强，英语水平较高，大致相当于普通学校初三年级学生的水平。本场同课异构活动讲授的教学材料为该校学生校本课程中的一部分，是该校根据具体的学生培养目标，在国家课程与地方课程的基础上做出的具有校本特色的课程调整，主要用于高级词汇的学习以及听说、阅读教学活动。

2.2 教学材料

　　本场同课异构活动的教学材料选自国内某出版社引进的国外某教材的第五单元 Successful People，选用的阅读语篇题目为 Following a Dream，是该单元第七小节"阅读理解"的正文内容。在该小节中，教材呈现的内容课大致分为四部分，分别是一个读前活动、三个读后活动、一个阅读语篇和三幅主题图片。

读前活动要求学生通过观察教材中呈现的三幅主题图片，获知一些有助于理解阅读语篇的关键信息，如涉及的主人公是谁？主要运动是什么？此外，还要求学生阅读语篇标题Following a Dream，结合图片内容大胆推测作者的标题设置意图，并在快速浏览阅读文本后验证自己的猜想。该活动旨在训练学生的理解性技能。

读后活动主要包括三个具体活动。读后活动1关注文本中的细节信息，主要从时间、地点、方式、原因等要素入手展开提问。该活动旨在训练学生的理解性技能。读后活动2要求学生在文本内容的基础上进行拓展，结合课内外知识讲述主人公的故事。该活动旨在训练学生的表达性技能。读后活动3要求学生进行小组活动，寻找一些同类型的少年成名人物，讲述这些名人的故事并陈述选择理由。该活动旨在训练学生的表达性技能。

阅读语篇的体裁是关于人物故事的记叙文，主人公为方程式赛车手Lewis Hamilton。文章的第一段介绍Hamilton的国籍和他名字的由来，以此作为导语引出正文内容；第二段介绍Hamilton梦想的萌芽和他父亲的支持；第三段讲述Hamilton与Ron Dennis的故事，Dennis对他的职业发展产生了重要影响；第四段展现一段世界一级方程式锦标赛冠军Michael Schumacher对Hamilton的积极评价；第五段展现Hamilton荣获的奖项；第六段总结本文的主题意义，并回应单元主题"成功人士"。

教材中三幅主题图片的内容分别为Hamilton和高卡车（go-kart）的合照、Hamilton在2008年获得世界一级方程式锦标赛冠军时的庆祝照以及F1赛车比赛的剪影图。

2.3 数据收集与数据分析

如表1所示，本次同课异构活动一共由"同课""异构"和"共评"三个环节构成，应用于本研究的主要数据也由此而生。研究者对教材的课堂真实呈现（如授课录音）、说课、教案、专家评课、问答互动、反思日志和课本等多种来源数据的收集有助于为呈现中学教师真实的教材使用案例提供三角验证的可能。此外，研究者还以"局外人"的身份对本次同课异构活动的组织、开展与总结进行了全过程的跟踪记录，并撰写观察笔记和活动总结。这也为达成本研究多视角呈现教材与教学的关系，从更多维度透视教材的使用及其影响因素提供了便利。

本研究采用反复阅读、恒常比较、主题分析（Creswell & Poth 2018）的方式对所收集的同课异构相关研究资料进行分析解读。在分析数据的过程中，研究者根据研究问题着重考察教师与教材、学生、教学目标、教学环境等多种要素的互动关系。

　　首先，研究者参考安桂清（2019）提出的教材使用层级转化模式，对已收集的研究数据进行第一轮的编码分类，依照备课、授课、说课和评课的流程，将选定的教学文本、教师的教案、授课PPT划定为教师设计的教材，将授课实录、教师说课、观察笔记等标注为教学中运作的教材，将教师说课、专家评课和问答录音视为学生体验的教材。需要注意的是，此处的"学生体验的教材"并非直接从学生视角获得，而是观课的其他教师给予的评价，在一定程度上可视为对学生体验的教材的补充。因此，根据本研究数据特征，研究者将安桂清教材使用层级中的"学生体验的教材"改为"他者体验的教材"（见图1）。

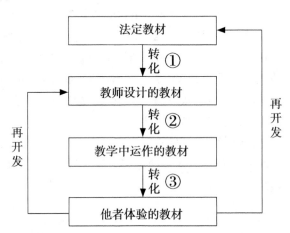

图1　教材使用的层级转化模式（改编自安桂清 2019）

　　其次，研究者意在以实际课例为基点，对授课教师、点评专家和观课教师与教材的互动进行对比分析，从而考察教材在实践应用过程中出现的问题与挑战，为教材的改进和中小学教师的发展提供启示。为此，研究者以Brown（2009）总结的教师与教材互动活动类型为框架对收集的数据进行第二轮编码分析，并给出了适合本研究数据特征的操作性定义（见表2）。

表2 数据编码表

编码	定义
选择	教师对教材内置的语篇文本、教学活动的选择性使用
阐释（与协调）	教师根据学情、教材特点、实际教学目标等内容，进行教学材料解读与课堂呈现
调节	教师根据学情、教材特点、实际教学目标等内容，进行教学语篇增减或修改
适应	在课堂教学过程中，教师根据学生即时表现进行教学行为调整

接下来，研究者将以互动活动类型为基本框架，逐一分析在不同类型的互动活动中体现的教材使用层级转化特征。

3 研究发现

3.1 教材的选择与阐释

3.1.1 法定教材

在使用教材时，教师会首先了解所选用教材的设计理念和构成要素。梅老师和应老师的教案均有意提及了授课材料Following a Dream的出处，即 *English in Mind 1* 第五单元Successful People，以达到在单元主题教学目标中指定课堂教学目标的目的。由于指定授课教材为应老师所在院校使用的校本教材，梅老师没有相关教材的授课经验，所以在进行教材分析时，应老师还对该教材内置的能力水平要求与《义务教育英语课程标准（2022年版）》的能力级别进行匹配，在教案中提到该教材的"能力水平要求大致相当于新课标五级，注重培养学生的语言应用能力"。通过比对选定教材与课标内容，应老师能够大致圈定课堂教学目标的设置范围，从而为后续的教学活动的设计做铺垫。

语篇分析是教师在较微观层面进行的教材分析。在梅老师和应老师的教案中，她们均从What、Why和How三个方面呈现了个人对文本材料的解读与阐释。具体而言，在What部分，两位老师均用简短的语言总结了文章大意，紧扣主人公Lewis Hamilton发现梦想、追逐梦想和实现梦想的主线，并指出了语篇中的关键时间节点与关键人物。在Why部分，梅老师指出学生通过本文的学习，需要认识到"追逐梦想需要决心、耐心、努力和斗志""感知西方文化中的自信和主动"并"逐渐形成自己对梦想的态度"；而应老师则写道："作者通过描述Hamilton不同人生阶段所付出的努力，使读者明白，一个人想要成功，必须刻苦努力、自信大方、善于抓住时机、永不放弃，同时也不能忘记身边各种人的帮助。"两位老师各有侧重，前者关注追梦过程中付出的努力和西方文化赋予人的性格特征；而后者则在同样关注努力的基础上，加入抓住时机和不忘他人帮助的要素。在How部分，梅老师和应老师从授课语篇的语言特征入手展开分析。梅老师主要关注能够保持记叙文行文通常的时间短语（如when he was six、a few years later等）和一些与语篇主题相关的短语及生词（如win competitions、quality等）。应老师则在关注时间短语使用的基础上，明确指出了贯穿全文的"明线"与"暗线"，即"明线讲述了Hamilton追逐梦想并实现梦想的过程，暗线则揭示了其成功的根本原因是他自身的优秀品质和身边人的支持及鼓励"。此外，应老师还提及了文章中一些语句的使用目的，如第一段中出现的Did they know that sporting fame was waiting for their son, too?是为后文的展开埋下伏笔。

通过上述语篇分析内容可知，两位教师在阐释教材时，能够在文章大意的总结上达成高度一致的意见，在主题意义探究上基本达成统一意见，但在语言特征的分析上却呈现出较大的差异。换言之，这里也体现了在教材使用过程中，语言知识呈现的相对确定性和主题意义/文化品格的相对灵活性。

教材分析的发生是教师将文本呈现的静态教材向未来课堂中所用教学材料动态转化努力的表现。面对同样的教学材料，梅老师和应老师都给出了相对个性化的解读与阐释。这也说明，当教学材料进入教师视野的那一刻，它就被赋予了生机，在慢慢地向"教师设计的教材"层级转化。

3.1.2 教师设计的教材

教学目标的设定与教师的教材分析结果一脉相承。如表3所示，两位授课教师的第一个教学目标均为从文本中整理出主人公Hamilton追逐梦想的相关信息，与上面提及的What分析相对应。自第二个教学目标开始，两位教师的教材使用差异便愈加明显。梅老师的教学目标是让学生总结Following a Dream的含义，并谈论自己将来要如何追逐自己的梦想；其教学重点在于训练学生的扫读、略读技能，引导学生从文本中提取关键信息并探究文本的主题意义。而应老师的目的在于通过课堂教学，让学生清晰地了解文本结构，并学习通过时间脉络组织文章的方法；分析促使主人公梦想实现的原因，并挖掘其背后隐含的意义；培养学生在追逐梦想方面的批判性思考能力。相应地，应老师的教学重点和难点就聚焦在梳理主人公追逐梦想的时间线和带领学生找寻实现梦想的原因上。

表3　教案节选：教学目标与教学重难点

	梅老师	应老师
教学目标	At the end of the period, students will be able to: 1. sort out information about how Hamilton followed his dream. 2. conclude what following a dream means. 3. talk about how they will follow their dreams.	At the end of the period, students will be able to: 1. sort out the information about how Hamilton followed his dream. 2. have a clear picture of the text framework and learn about how to organise an article in the order of time. 3. analyse what and who helped him realise his dream and find out the hidden meaning. 4. develop the ability to think critically about how to follow one's dream.
教学重难点	Focus —The teacher will try to: 1. guide students to understand and integrate the text information by skimming, scanning and mind mapping. 2. guide students to elicit key information and explore the theme of the text. Challenge —The students will find it difficult to: 1. integrate the information of the text. 2. decide what information to elicit so as to explore the theme of the text.	The timeline of how Lewis Hamilton followed his dream and the factors leading to the realisation of his dream.

3.2 教材的调节与适应

3.2.1 教学中运作的教材：调节

在使用教材时，教师会根据自己对教材内容的解读和教学目标的阐释，选择教学内容，调节教学工具。如表4所示，在读前活动环节，教材内置活动中涉及的主要教学工具为课本页中的照片和阅读语篇的题目（Following a Dream），目的是为学生的文本阅读做好背景知识的铺垫，让学生了解故事的主人公，了解故事发生的场景以及做必要的读前内容预测。[1] 两位教师在进行课程设计时，都做出了不同程度的调整。梅老师在读前活动中选择了多模态教学工具——视频为学生铺垫与课文主题相关的背景知识。相较于梅老师，应老师选择使用的教材中内置的工具与活动较多。例如，应老师要求学生通过观察图片，预测文章内容，并猜测文章题目的隐含意义。这分别与教材内置活动a的问题1和问题2对应。考虑到学生可能欠缺F1赛车比赛方面的知识，应老师在读前活动2中，选择为学生增加视频类的教学工具，让学生从视频中快速了解与文章相关的背景知识。

表4　教案节选：教学流程（读前）

	教材内置活动	梅老师	应老师
教学流程（读前）	a. Look at the <u>photos</u>. 1. Do you know who the person is? 2. What is the sport? 3. Why do you think the text has <u>the title</u> "Following a Dream"?	[基于语篇] Watch a <u>video</u> and *learn about the background knowledge of the text.*	1. The teacher asks students *to predict what the text is about* when reading the <u>pictures</u> in the text. 2. Students watch a <u>video</u> *to get the basic information about Formula 1.* 3. Students *guess the implied meaning* of <u>the title</u> "Following a Dream".

另外，通过对比教材内置活动与梅老师、应老师设计的教学活动可知，两位老师在明确教学流程的过程中，会同时细化并显性化每个活动背后隐藏的教学目的（参见表4中的斜体字）。这是对教师教材使用行为的充分体现，包括体现了对教材内容的选择、调节以及对教学目标的阐释与适应。

---

1. 本文中关于教材内置活动的解释均为研究者结合教材编者的设计理念给出的个人解读。

在读中活动环节，两位老师都尝试借助依托不同的教学活动或借助一定的教学工具整合教材内置活动b，尝试将活动b中提问的零碎信息整合到一个有意义、有主题的教学对话中。如表5所示，教材内置活动主要借助When、What、Why、How等词引导的特殊疑问句针对Hamilton追梦过程中的一些时间节点、重要事件和关键人物展开提问。

表5　教案节选：教学流程（读中）

	教材内置活动	梅老师	应老师
教学流程（读中）	b. Read the text again. Answer the questions. 1. **When** did Hamilton's dream to be a Formula 1 driver **begin**? 2. **What** did he do when he was **8**? 3. **What** did he tell Ron Dennis when he was **10**? 4. **Why** did Ron Dennis phone Hamilton? 5. **How** old was Hamilton when he joined McLaren's programme? 6. **What** happened when Hamilton started driving in Formula 1 races?	[深入语篇] 1. Read *to understand* **personal information** about Lewis Hamilton. 2. Read *to integrate* **important events** at different stages of Hamilton's life. 3. Read *to analyse* **how** Hamilton followed his dream and **what** "Following a Dream" means to Hamilton.	1. Students read the text and *draw a timeline* of **how** Hamilton followed his dream at different **stages** of his life. 2. Students talk about the **events** and **people** related to Hamilton's following his dream. 3. Students read the text carefully again and *find out* the **hidden meaning** of Hamilton's success in following his dream.

梅老师选择采用问题驱动的方式展开教学，以Hamilton的个人生平为主线串联课堂，让学生在阅读学习过后理解Hamilton的个人信息、整合发生在Hamilton生命中不同阶段的重要事件、分析Hamilton追逐梦想的方式方法，并探究文章标题Following a Dream对Hamilton而言的意义所在。结合梅老师

的课堂实录可知，她在读中环节向学生提问的问题涵盖了教材内置活动b中涉及的要点。但二者的主要区别在于，梅老师活动的设计有了更上位、更高阶教学目标的指引。通过"理解"（understand）、"整合"（integrate）和"分析"（analyse），梅老师让低阶教材内置活动b中涉及的相对零散的信息点系统化。换言之，通过设计以"深入语篇"为主题的读中活动，梅老师实现了对教材活动的个性化阐释，进而影响了后续课堂教学活动的发生走势。

应老师设计的三个读中活动教学目标与梅老师的大致相同。但从应老师对活动的语言描述中可以看出，应老师更强调通过"时间轴"（timeline）教学工具为学生解构课文信息提供支架，强调文本中蕴含的时间逻辑，从而梳理在主人公追梦过程中发挥重要作用的人和事；在此基础上，应老师尝试让学生探究文章的主题意义，引导学生思考"成功"（success）与Hamilton追梦故事的关联，从而挖掘题目背后隐含的意义。与梅老师设定的学生能力发展目标相比，应老师对教材的阐释在语言表述上更为具象化，时间轴工具的使用便是很好的例证。换言之，应老师对教材的阐释具有一定的产出导向倾向，read、draw、talk about、find out等词语的使用体现了应老师在学生具体活动行为上的期待，也直接对标了应老师的课堂教学指令和学生的课堂产出成果。

在设计读后活动时，两位老师均不约而同地弃用了教材内置活动c和d，选择加入自设活动的方式展开教学（见表6）。梅老师让学生在读后活动中先概括following a dream的意义，进而从语篇内容迁移到个人发展，让学生思考自己的追梦方式；而应老师则设计了读后讨论活动，让学生就文章主题发表个人看法。由此可知，梅老师和应老师在阐释教材的过程中，致力于建立学生与主题意义的关联，让学生通过文本阅读反思个人发展。

表6　教案节选：教学流程（读后）

	教材内置活动	梅老师	应老师
教学流程（读后）	c. What do you know about Lewis Hamilton since 2008? Tell the class. d. Work in groups. Make a list of the three people who became famous when they were young. Make notes about each of them. Then tell the others in the class about them and why you chose them.	[超越语篇] 1. Generalise about what following a dream means. 2. Talk about how they (the students) will follow their dreams.	[讨论] Students demonstrate their personal ideas about "following a dream".

3.2.2 教学中运作的教材：适应

课堂教学是教师教案的可操作化体现，能够更直观地反映教师的教材使用情况。但是由于教案的定稿时间比公开课活动的开展时间早一周左右，所以梅老师和应老师在课堂中真正呈现的教学材料也与教案中呈现的有所差异，这在很大程度上反映了教师对教材的适应。

在实际授课时，两位老师均将读前活动分成了两个任务进行，分别是借助图片、视频等工具铺垫阅读所需的背景知识，以及通过阅读文章标题猜测文章内容。梅老师的第一个任务按照cars→go-kart→F1 formula→F1 famous teams→F1 famous drivers的逻辑链进行，逐步将学生的注意力从广为人知的汽车引到F1赛车手上，在此过程中"学生能够了解F1赛车相关的赛事信息、著名人物等基本信息，拓展课外知识"（梅老师说课转写）。

而应老师的第一个任务则是直接向学生展现了三位赛车手冠军的照片，让学生直观地认识F1赛车冠军，并通过提问"他们曾获得过多少次冠军"让学生切入文章主题，与读后活动中涉及的"成功"话题建立关联。如图2所示，应老师补充的前两张图片是语篇中第四、五自然段中的关键人物，而第三张则是主人公的照片，从而达成了铺垫背景知识、导入课堂的目的。须注意的是，应老师实际展现的这一活动也与教案记录的内容有所差异。她并未让学生read the pictures in the text，而是根据自己对课文内容的解读，替换了课本原有的照片，因为她认为"这样更有益于学生直观地了解与文章相关的关键信息"（应老师说课转写）。

图2   应老师课堂实录剪影

正如教案中所指出的，应老师的读中活动紧紧围绕"时间轴"这一关键工具展开（见图3）。以让学生找寻语篇中表达时间概念的字词短语为引，应老师要求学生在自行阅读文章后，填写教师提前发放的印有时间轴架构的学案，带领学生有条理、有组织地梳理出主人公Hamilton的追梦经历。在此过程中，应老师通过提问的方式有意引导学生关注出现在Hamilton人生中的一些关键人物，例如his parents、Michael Schumacher、Kimi Raikkonen等，从而为学生分析名人成功的原因提供多样化的视角。

图3　应老师课堂实录剪影　　　　图4　梅老师课堂实录剪影

反观梅老师的课堂，虽然她在教案中没有强调时间逻辑工具，但在课堂实操中也像应老师那样使用了时间轴工具，来辅助学生完成课文的阅读及相关阅读技能的训练（见图4）。但值得注意的是，两位教师使用时间轴工具的目的却截然不同。在应老师的课堂中，时间轴为引，是学生解构文本与重构意义的重要工具；但在梅老师的课堂中，时间轴为尾，是文本信息的提要，为学生下一步探究following a dream的意义而服务。

具体而言，梅老师在引出文章的主人公之后，向学生展示了一张表格，让学生通读全文，找到与主人公有关的信息并且在完成表格之后与小组互相核对答案。之后梅老师又抛出两个表示时间的问题，引导学生关注文章的时间顺序以及为什么主人公能够获得成功。梅老师随后通过单词dream引导出实现梦想需要的要素，并重新带着学生回到文章中的时间表，并将过去的时间延伸到现在和将来，说明文章的主旨：实现梦想需要持续不断的努力。

而应老师则将重点放在文章描写遵循的时间顺序上，引导学生去阅读文章中找到表示时间的短语，并完成时间线的表格。在学生填写完表格之后，应老师邀请学生们用完整的句子表述主人公的整个人生历程，并请其他的学生来为出错的同学纠正或者添加遗漏的信息，进行同伴互评。随后应教师向学生分享了自己制作的时间轴，旨在把学生的注意力引向故事里面的人物，并指出这些人物的重要性。在做一个简单清晰的示范之后，应老师要求学生以小组为单位，仔细分析文章中的人物和主人公的性格，并最终升华到主题，引导学生思考"什么是成功"，以及"如何使自己的梦想得以实现"。

3.2.3 他者体验的教材

他者体验的教材能够赋予教师教材使用行为更为丰富的意义，也是对教师教材使用行为与其教学目标交互关系的三方视角验证。本研究中，在梅老师和应老师授课结束后的"共评"环节，与会教师与专家分享了各自的观课体验与感受，这也是他者对梅老师和应老师选择、阐释、调节与适应教材行为的回应。例如在教材阐释方面，观课的他者透过"教学中运作的教材"，感知到了授课教师在分析教材文本时付出的努力，看到了教师个人对教材的设计与调节：

> 我们在进行文本解读时，不能只关注文本本身，更要挖掘文本的主题意义，探究作者的真实意图，理解文本的遣词造句所体现的文中人物的心态和心情，等等。教师在分析文本时，应将视野放宽放远，需要做到心思缜密，切不能忘记将文本和读者即我们的学生联系起来。让学生爱读文本，让文本激励学生前进，启迪学生深思。（卉老师，化名）

然而，在他者体验过后，提出的是更加多样的教材阐释，同时也反映了教师对教材不同内容的选择倾向，体现了教学运作中教材与教师设计的教材、法定教材之间的动态交互与沟通。例如，贤老师（化名）在评课专家的启发下，对教材中的语言知识展现出了更高的选择倾向。他认为，可以通过让学生表演朗读主人公的话语，让学生沉浸在语言中，进而从具身体验的角度提升学生的思维能力。

> 文中在讲述 Hamilton 追逐梦想的时候，提到了他的父母、车队老板 Dennis 和车手 Schumacher。因此，在学生梳理出时间线，核对答案之后，教师完全可以创设一个情境，让学生五六个人一组合作完成一个以 Following Your Dream 为题的 talk show。可以让一个同学来扮演主持人，起到穿针引线的作用。这样每个学生在扮演不同角色的时候就需要重新组织语言，包括时态、人称的转换等，这样也为学生使用和内化语

言提供了一个机会。这同时也会在一定程度上提高学生的合作能力，提高他们参与活动的热情。（贤老师）

再如，在教材调节方面，观课他者认为可以从问题矫正的角度切入，为学生提供更加自由的对话空间，从而达到探究主题意义的教学目标：

> 教师应该先让学生对于文章所传递的信息发表自己的观点。作者在最后提出 Hamilton 追梦的过程就是 success。而对于 success 这个话题，学生从小学就在接触和思考。而且受不同人的影响，学生对于 success 的理解很可能存在不同的理解，甚至有些同学会认为花很长时间去追梦是不值得的。而本课的学习恰恰就是一个很好的机会，让学生通过讨论，与不同的思维产生碰撞。学生很有可能会坚持自己的观点，也有可能修正自己的观点，综合对不同观点的判断最终形成自己的判断。我个人觉得，通过对事实性信息的提取，对文本语言、作者写作意图和方法的阐释，以及对文本信息的评价等三个不同层次的学习，学生参与主题意义的探究活动，并从中学习语言知识，发展语言技能，汲取文化营养，从而促进批判性思维的发展。（贤老师）

正如安桂清（2019）提出的教材使用层级转化模式所示，他者体验的教材直接反哺于"教师设计的教材"的再开发与"法定教材"的再开发。一方面，他者视角的出现可以丰富教学活动的设计角度，为教师改进自身与教材、与学生的互动方式提供启示。另一方面，他者视角能够为教师的职业发展提供势能，他者与自我的交会能够让教师在差异中反思自我的不足，从而有利于教师突破自我的发展瓶颈，定位个人发展方向。就教材开发而言，教师对教材的使用是让静态文本教材向动态体验教材发生转化的必要中介物，这启示我们在改进现有法定教材时，必须从实践出发，集思广益，才能在最大程度上优化法定教材的教育价值。

3.3 影响因素

由此可见，他者体验的教材与授课教师在教学运用中的教材相比总会产生些许差异。而正是这场他者与自我的拉锯，揭示了教师发生不同程度、不同类型教材使用行为的差异缘由。

从教学设计的流程上看，教师的教学一般会始于"法定教材"，该教材为教师的教材设计与教学运作提供基准材料。无论是前文详尽介绍的梅老师和应老师的教学设计，或是他者视角陈述的改进建议，其运作的根本均是Following a Dream 的语篇文本。语篇文本的主题导向和语言表述能够在很大程度上决定教师的教材使用倾向。例如，虽然煜老师（化名）建议在读后环节采用有具体情景的采访活动，但其最终目的是仍然是让学生在活动的加持下，真正理解语言的内涵。

> 我建议将这个阅读课的最后一个环节"谈论如何实现自己的梦想"改为一个有具体情景的语言内化活动：先朗读课文一两遍，再分组活动，每个小组中一人为赛车手 Lewis Hamilton，其他人为记者，对赛车手进行采访。这样，学生可以进入文本情景，而且必须深入理解文本意义才能提问和答对问题。给小组足够时间准备后，选择几个小组进行展示即可。这样的活动有具体情境，且提问自由度大，可以提事实性问题，也可以提评价、分析、创造性问题，每个学生都可以找到自己的任务。此外，此活动对文本依赖性强，可以促使学生对文本进行深层理解和加工，内化语言。可以说，在这个活动中，学生既有情景、内容支撑，又有语言支撑，而且学生的自由度大，可以激发所有学生的参与积极性。（煜老师）

从教师的教材使用行为中可知，"教师设计的教材"和"教学中运作的教材"均是教师在个人经验化视角影响下对教学目标进行阐释后发生的选择、调节与适应。在使用教材的过程中，教师就像是一面棱镜，其透光率和折射率的高低会决定法定教材教育价值的高低。换言之，教师对教材文本的阐释能力会在很大程度上决定教材在教学中的运作方式。例如，煜老师在解释上述读后活动的替换缘由时提到，教师在设计活动时应该考虑学生的心理发展特点，而梅老师和应老师在设计课堂的过程中并未提到此类缘由，这与教师本身的教育经历、个人兴趣、工作经验等息息相关。

> 教学活动的情景设计过于理性。对于初一的孩子，在听过一个实现梦想的故事之后就来谈论自己如何实现梦想，还是具有极大挑战性的。一方面，学生还太小，自己的梦想也许并未确定；另一方面，这个宏大的主题所需要的语言支撑，文本提供得不够，而且更重要的是课文中的语言还未来得及内化，因为没有语言内化活动如朗读、复述等，却要学生灵活运用，难度太大。因此，这个谈论梦实现的情景是从成人的角度出发设计的，学生既缺少可谈的内容，也没有足够的语言支撑。初一的

孩子正处于皮亚杰认知发展理论的具体运算向形式运算过渡的阶段，学生还是需要一些具体的事物和形象来帮助其思维发展的。（煜老师）

4 结论与启示

本研究发现，教师使用教材的行为会随着教学活动的推进而发生转化，具体表现为选择、阐释、调节和适应四种互动活动特征。其中，选择与阐释多发生在"法定教材"与"教师设计的教材"阶段，而调节和适应则多分布在"教学中运作的教材"和"他者体验的教材"中。除学生现有发展需求外，以教材为载体呈现的语言知识（即教学目标）和教师对教材文本的阐释（即教师能力）是影响教师教材使用实践的主要因素。

基于上述研究发现，本研究尝试重构法定教材、教师设计的教材和他者体验的教材三者的关系。如图5所示，在教材使用活动中，"法定教材"与"他者体验的教材"之间较少发生直接关联，在大多情况下其作用关系通过教师中介作用间接发生。在教师中介作用生效的过程中，教师个体对教材的经验化阐释是其主要作用，阐释对象主要为教学目标，能够影响教师对法定教材内容选择、调节与适应，分别发生在教师设计教学活动、模拟教学活动和实操教学活动的过程中。"他者体验的教材"是教师教学活动的结果，是区别于授课教师本身的第三方视角，即他者视角接受并给予的教学结果反馈。从即时作用看，"他者体验的教材"可以发生在常态课或常态化的教研活动中，其作用对象为教师，作用结果为教师专业能力的发展。从长远作用

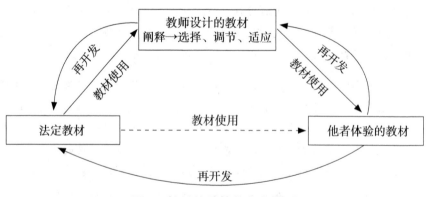

图5　教材使用转化中介模型

看，"他者体验的教材"与"教师设计的教材"一起可共同作用于"法定教材"的改进，在"法定教材"的素材选择、语言表述和活动设计等方面均可反馈相关问题并提供改进启示。

本研究依托同课异构活动展开教材使用研究，从自我和他者的视角切入，分析教师的教材使用行为及相关影响因素。在本研究中，两个焦点研究对象既是自我，亦是他者，读者可同时从同课异构授课教师本身和观课教师的角度获得相对丰富且立体的教师教材使用图景。然而，由于数据收集条件有限，本研究未能从学生角度充实他者视角的研究资料。未来研究可延续同课异构的研究设计方法，尝试纳入更贴近学习者体验的学生视角研究，从而为教师发展和教材的开发提供更加宝贵的研究经验与启示。

参考文献

Bolitho, R. 2008. Materials used in central and eastern Europe and the former Soviet Union. In B. Tomlinson (ed.), *English Language Learning Materials: A Critical Review*. London: Continuum. 2013-222.

Brown, M. 2009. The teacher-tool relationship: Theorizing the design and use of curriculum materials. In J. T. Remillard, B. Herbel-Eisenman & G. Lloyd (eds.). *Mathematics Teachers at Work: Connecting Curriculum Materials and Classroom Instruction*. New York: Routledge. 17-36.

Creswell, W. J. & N. C. Poth. 2018. *Qualitative Inquiry and Research Design: Choosing Among Five Approaches* (4th ed.). Thousand Oaks: SAGE.

Gautschi, P. 2018. Ideas and concepts for using textbooks in the context of teaching and learning in the social sciences and humanities. In E. Fuchs & A. Bock(eds.). *The Palgrave Handbook of Textbook Studies*. London: Palgrave Macmillan.127-140.

Grammatosi, F. & N. Harwood. 2014. An experienced teacher's use of the textbook on an academic English course: A case study. In N. Harwood (ed.). *English Language Teaching Textbooks: Content, Consumption, Production*. London: Palgrave Macmillan.178-204.

Graves, K. 2019. Recent books on language materials development and analysis. *ELT Journal 73*(3): 337-354.

Guerrettaz, A. M., M. M. Engma & Y. Matsumotol. 2021. Empirically defining language learning and teaching materials in use through sociomaterial perspectives. *Modern Language Journal 105*(S1): 3-20.

Harwood, N. 2010. *English Language Teaching Materials: Theory and Practice.* Cambridge: Cambridge University Press.

Kim, M. & S. Canagarajah. 2021. Student artifacts as language learning materials: A new materialist analysis of South Korean job seekers' student-generated materials use. *Modern Language Journal 105*(S1): 21-38.

Matsumoto, Y. 2019. Material moments: Teacher and student use of materials in multilingual writing classroom interactions. *The Modern Language Journal 103*(1): 179-204.

McDonough, J. & C. Shaw. 2003. *Materials and Methods in ELT: A Teacher's Guide.* London: Wiley-Blackwell.

McDonough, J., C. Shaw, & H. Masuhara. 2012. *Materials and Methods in ELT: A Teacher's Guide.* New Jersey: Wiley-Blackwell.

McGrath, I. 2002. *Materials Evaluation and Design for Language Teaching.* Edinburgh: Edinburgh University Press.

Menkabu, A. & N. Harwood. 2014. Teachers' conceptualization and use of the textbook on a medical English course. In N. Harwood (ed.). *English Language Teaching Textbooks: Content, Consumption, Production.* London: Palgrave Macmillan. 144-177.

Prodromou, L. 2002. In search of a good lesson. *English Teaching Professional.* (22): 5-8.

Shawer, S. 2010. Classroom-level curriculum development: EFL teachers as curriculum-developers, curriculum-makers and curriculum-transmitters. *Teaching and Teacher Education 26*(2): 173-184.

Tomlinson, B. 1998. *Materials Development in Language Teaching.* Cambridge: Cambridge University Press.

安桂清，2019，教材使用的研究视角与基本逻辑，《课程·教材·教法》（6）：69–74。

林娟 、战菊，2015，"活动"中的英语写作教材评估与使用——来自高校英语教师的声音，《现代外语》（6）：790–801+873。

沈健美、林正范，2012，教师基于课程标准和学生需要的"教材二次开发"，《课程·教材·教法》（9）：10–14。

徐锦芬、范玉梅，2017，大学英语教师使用教材任务的策略与动机，《现代外语》
　　（1）：91–101+147。

徐锦芬、刘文波，2023，外语教材使用：分析框架与研究主题，《现代外语》
　　（1）：132–142。

张虹、李会钦、何晓燕，2021，我国高校本科英语教材存在的问题调查，《外语与
　　外语教学》（1）：65–75+147。

钟启泉，2008，"优化教材"——教师专业成长的标尺，《上海教育科研》
　　（1）：7–9。

11 中学英语教师教材使用策略及其影响因素的个案研究

张琳涛　徐泽琨

北京外国语大学国际教育学院

提　要：近年来，教材研究领域迎来新发展。但与教材编写、评估等相比，教材使用相关研究稍显不足。以往研究多聚焦于高校英语教师，较少关注中小学教师，民办学校教师研究尤其匮乏。研究民办学校教师教材使用对于优化教师队伍建设有重要的现实意义。本研究采用个案研究方法，以一名民办学校初中英语教师为研究对象，通过收集多种来源的数据，对其教材使用策略及其影响因素进行了深入研究。研究发现，该名教师采用了增加、删减、调序等能动策略二次开发学生用书，教师主体、课堂情境、学校制度、考试文化等内外因素共同调整了教师的教材使用行为。囿于多种因素，该教师的教材使用取向体现出较强的应试导向，在发挥教材育人功效和落实学科核心素养方面略显不足。本研究凸显了加强教师教材使用培训的重要性。

关键词：中学英语教师；民办学校；教材使用策略；影响因素；案例研究

1 引言

　　教材是实现培养目标的基本手段，是教师开展教学和帮助学生应对考试的重要依据，是师生教育活动的重要载体（曾天山 1997；左群英、汪隆友 2021）。近年来，国家对于基础教育阶段的教材建设与管理工作日益重视，教材研究领域也迎来新的发展机遇。Tomlinson（2012）把外语教材研究的主要领域概括为教材编写、教材评估、教材改编、教材使用等。然而，与教材编写、评估等研究相比，教材使用的相关研究仍显不足（Garton & Graves 2014；Tomlinson, 2012；徐锦芬、刘文波 2023；杨港、彭楠 2021；张虹等 2021）。教材使用作为教材建设的重要环节，直接影响教材功能的实现（左群英、汪隆友 2021），是衔接教材开发、教材分析、教材评估的核心环节（徐锦芬、刘文波 2023）。有效的课堂教学强调教师对教材的再开发和再利用，选取和挖掘与教学目标相匹配、与教学设计相适应的教学材料（朱彦 2013）。因此，教师应充分发挥能动性，依据学生需求、基于自身知识与经验对教材进行二次加工与开发（王世伟 2008）。关注教师如何在教学实际中使用教材具有重要的现实意义。

教师出于对学生水平、兴趣的考虑发现了更好的教学材料，或因时间限制而对教材内容进行挑选、增加、删减、替换、调整顺序等行为皆属于教材的二次开发行为（adaptation）（Masuhara 2022）。由于教材与使用环境中的师生需求总是存在一定的差距，因此教师对教材进行二次开发已成为一种必然选择（Tomlinson & Masuhara 2018：83），教师这一能动性的发挥目前已成为教师教材使用研究中的热点话题（Tomlinson 2022）。

近十年来，国内学者逐渐关注外语教材使用研究，但整体研究不足（张虹等 2021），已有研究主要关注高校英语教师的教材使用，对基础教育阶段的英语教师关注不足（蒋联江等 2020）。例如，张虹等（2021）通过自编调查问卷，对3967名高校英语教师的教材使用现状及其影响因素进行探究。结果发现，得益于近些年高校英语教材与教法培训，教师能够在教材使用过程中发挥主观能动性，能够有效采用多种策略改编教材。他们在对教材进行二次开发的过程中最倾向于增加材料，最不善于改写其中的材料和练习活动。教师、学生、环境、考试、教学效果等五个因素影响了教师教材使用行为，其中考试因素影响较大，初任教师和院校层次较低的教师更容易受到考试影响。杨港、彭楠（2021）通过自传叙事研究方法，分别从教材编写者、教师和研究人员的视角对教材使用进行了探究，发现教师在使用教材的过程中，会通过集体备课商定和讨论每单元的课前、课中和课后如何基于教材开展教学。徐锦芬、范玉梅（2017）采用质性个案研究方法，以武汉某重点高校的两名大学英语教师为研究对象，从活动理论视角探究了教师实施教材任务的具体策略、动机以及成因。研究发现，两名教师在教学过程中都会采用跳过、增加、调整顺序等策略对教材任务进行改编或二次开发。其中，两名教师使用跳过策略最频繁，其次是增加策略，修改和调整顺序策略的频率大大少于前两种。至于基础教育阶段的英语教师教材使用研究，蒋联江等（2020）通过叙事研究方法，对138名中国初中英语教师的教材图片资源使用实践进行探究。研究发现，教师通过选用、更换、补充和编辑等策略使用图片资源，体现出差异化的能动性。教师使用图片受到个人因素（多模态意识、动机、策略）和社会文化因素（应试、课程要求）的综合影响。上述研究为我们了解中学阶段英语教师教材使用的现状及其影响因素提供了重要参考。然而，相关研究缺乏对实际课堂教学的分析和对学校教师制度的考察，在讨论教师教材使用影响因素方面仍有一定的局限性。对此，Harwood

（2021）呼吁在更广阔的社会教育环境下探究"使用中的教材"（materials in action）和"情境中的教材"（materials in context）（转引自徐锦芬、刘文波 2023）。

此外，以往研究主要关注公立学校教师，较少关注民办学校教师。当前，我国教育进入高质量发展阶段，作为中国特色社会主义教育事业的重要组成部分的民办教育，其高质量发展势在必行。然而，受制于民办学校办学属性、社会地位等诸多因素，一些民办学校的教师在师资培训等方面无法享受公立学校教师的同等待遇与权益，导致师资队伍建设困难，教师成长空间有限（徐巧云、楼世洲 2022），难以适应高质量发展的要求。关注民办学校教师的教材使用对于开展培训以提升他们的教材使用能力及教学水平具有重要的参考意义。据此，本研究采用质性个案研究方法（Asmussen & Creswell 1995），通过收集多种数据，对一名民办学校初中英语教师的教材使用（包括学生和教师用书）策略及其影响因素进行探究。指导本研究的研究问题为：

（1）该名教师如何使用学生用书和教师用书？他在使用中是否进行了二次开发？如果是，他运用了哪些策略进行二次开发？

（2）哪些因素影响了教师对于学生用书和教师用书的使用？

2 研究方法

本研究采用质性个案研究方法，通过目的与方便抽样，对一名民办英语教师黄老师（化名）的教材使用策略及其影响因素进行了深入研究。Yin（2003）认为，单个案例研究适合于描述和解释"重要性"或"启示性"案例。鉴于目前对民办学校英语教师的教材使用研究几乎为空白，对该名教师的深入描述有助于学界了解民办学校英语教师的教材使用素养及其专业能力现状，有助于优化民办学校教师队伍的培养和建设工作。

2.1 研究场域

本研究的场域为乐思学校（化名）。该校位于我国东部某省，是一所涵盖小学、初中和高中的十二年一贯制寄宿制民办学校，办学历史超过二十年。该校以"科研兴校、质量立校"为治校理念，曾获得"省民办学校先进单位"等多项荣誉称号。在升学成绩方面，据该校官网介绍，学校连续五年初三毕业会考总平均分名列所在县第一名，高考连续六年大学本科录取率在所在市名列前茅，另有上百人次在国家、省、市各类竞赛中获奖，该校此类成绩成为公立学校系统之外当地学生家长在择校时的重要考量。

在本研究期间，乐思学校初中部一共拥有19名英语教师，黄老师是唯一一名拥有硕士学位的教师。在中考英语成绩方面，学校学生连续十年获当地英语单科第一名。学校领导一直高度重视学校的英语教学质量，在硬件、软件建设方面都投入了较大的资金和精力。例如，为提高学生英语口语水平，学校近几年不断购买和更新学校的英语语音练习设备，以供师生使用。

2.2 研究参与者

乐思学校的初中英语教师黄老师自愿参与了本研究。在本研究开展期间，37岁的黄老师已在乐思学校任教两年，正担任初一年级两个班的英语老师，同时也是其中一个班的班主任，使用的英语教材为2012年某出版社出版的系列教材（下文简称"英语教材"）。黄老师所教的两个班均有50名学生，其英语成绩处于年级12个班级中的中上水平。

黄老师毕业于西南某211综合类大学，最高学历为法学硕士，所学专业为国际关系专业。2011年6月完成硕士论文答辩之后，他前往北京求职，但因工作竞争较为激烈未能进入与专业相关的工作领域，"误打误撞"入职一家以学科成绩辅导著称的中小学学科培训机构。他在这家机构工作了八年，工作内容主要为一对一中学生英语考试辅导，几乎没有大班教学和讲授国家教材的经历。2019年9月，他离京返回老家入职乐思学校。进入乐思学校之后，他才正式开始系统接触、研究和讲授国家教材，因此他自认为在学校系统仍是一名新手教师。黄老师与本文第一作者已保持了多年的友谊，因此在本研究开展期间，黄老师能够与作者诚心合作、坦诚交流，并且主动询问需求，及时分享资料，一定程度上保障了本案例描述的真实性。

2.3 数据收集与分析

本研究收集的研究数据主要包括半结构访谈、课堂教学录音、微信非正式沟通以及重要实物资料，旨在为教材使用提供详尽的细节描述和意义阐释（张虹等2021）。多种来源的数据为真实呈现案例提供了三角验证（Merriam 1998），一定程度上能够对案例进行深度描写（Geertz 1973）。研究者首先通过阅读、整理相关教材使用文献，依据其相关性确定采用Menkabu & Harwood（2014）所使用的访谈问题提纲作为本研究访谈教师的主要参考。

Menkabu & Harwood（2014）通过课堂观察和访谈，对沙特阿拉伯一所大学的七名英语教师的教材（包括学生和教师用书）使用现状进行了调查。研究者根据改编后的访谈提纲对黄老师进行了一次时长约45分钟的访谈，主要了解他日常使用教材的改编行为及其影响因素，访谈采用中文进行并全程录音。

其次，本研究收集了黄老师一个单元的授课数据。受当时的政策及地域等因素影响，研究者请求黄老师录制并提供一个单元的授课录音。最终，黄老师为研究者提供了他在讲授英语教材七年级下册第11单元全部四课时的课堂授课录音，为研究者探究和分析他在真实情境中的教材使用策略及其反映的教材使用行为取向提供了重要的数据来源。最后，研究者基于课堂录音，通过三次非正式微信沟通向黄老师询问了他在讲授本单元教材内容时发生的改编行为背后的影响因素。此外，在研究开展期间，研究者还向黄老师收集了重要实物资料，包括教材、教师用书、教辅资料等，为深入、细致呈现案例提供了奠定了重要基础。

本研究的数据收集与分析工作同时进行，即研究者在收集到数据之后随即展开整理、分析工作。具体而言，研究者首先通过讯飞语音转写网站对访谈与课堂录音音频数据进行文字转写，统计共得37,933字数据，其中正式与非正式访谈数据14,318字，课堂录音23,615字。其次，研究者采用归纳与演绎相结合的方式，通过质性数据分析软件Nvivo 12对相关数据进行编码。具体步骤如下。两名研究者分别独自分析数据，通过反复阅读原始数据，以直接标记关键词（如"增加""删除"等）或对原始话语进行初步提炼（如"教师认知"）等方式对数据进行第一轮编码。然后，研究者以相关文献（如McDonough & Shaw 2003）为依据，对一级编码进行整合，形成以"学生用书改编策略""教师用书使用情况"以及"教师主体""微观课堂情境"等二级编码。两名研究者随后对照研究问题，对各自的编码方案进行整合、协商，建立初步的三级编码。最后，研究者邀请了一位具有丰富经验的质性研究者对编码表进行核查，并就争议之处与研究者充分讨论，最终确立了本研究的三级编码体系（见表1）。

表1　数据分析编码表

三级编码	二级编码	一级编码	示例
1）教材使用现状	（1）学生用书改编策略	①增加	"增加的话在正常的教学过程中是不会的。"
		②删除	"不使用课本中的一个活动或练习，这个（策略）是肯定（在）使用的，而且是始终使用。"
		③调整顺序	"为了让学生感受到这个形容词的比较级的重要性，我可能就把这个先讲完。"
		④改编	"那些素材（如果）我觉得太老旧了，我（就）会结合一下进行改编。"
	（2）教师用书使用情况	不使用	"我一般不会去参考教师用书。"
2）影响教师教材使用的多重因素	（1）教师主体	①教育背景	"我是法学硕士，学的是国际关系专业。"
		②工作经历	"我（之前）的工作是完全不讲教材，专心提高学生成绩。"
		③教学理念	"（教师用书）没有重点，没有这种重难点的区分度……我比较倾向于看我刚刚跟你讲的教辅，因为可以看到考试的重点。"
	（2）微观课堂情境	①教学进度	"当时上11单元的时候已经临近期末考试了，时间比较紧张。"
		②教材内容	"像这种很陈旧的内容，我一般会选择删除或者改编。"
		③学生水平	"教师用书里设计的活动，不符合我的学生的水平。"

（待续）

（续表）

三级编码	二级编码	一级编码	示例
2）影响教师教材使用的多重因素	（3）中观学校制度	① 教研活动	"教研就是讨论一下这个单元里哪些内容比较重要，哪些考试涉及的内容比较多、比较频繁。"
		② 教师考核	"要抓成绩，学生要提升，甚至再现实一点就是影响你的工资。"
		③ 教材培训	"教材使用的培训是没有的。"
	（4）宏观社会文化	① 应试文化	"私立学校要抓成绩，学生（成绩）要提升。"
		② 家长择校	"黄老师：成绩要有提升，对吧？学生要提升。""研究者：不然家长就跑了？""黄老师：是这样的。"

2.4　研究伦理

本研究严格遵循开展质性研究的相关伦理。首先，在研究正式开始之前，研究者向研究参与者发送了研究知情同意书，详细说明了本研究的主题与内容、持续时间、拟收集的数据以及隐私保护措施（如对研究参与者及其所在单位进行匿名化处理），并承诺研究者可以以任何理由或方式退出本研究。其次，本研究基于数据分析撰写的数据报告（即研究发现的原始版本）及时发送给研究参与者进行"成员核验"（member check）（Rallis & Rossman 2009：268），并基于研究参与者的要求对部分内容进行了修改与调整，全力保障研究参与者对本研究的知情权。

3　研究发现

本研究立足中国本土情境，对研究参与者黄老师的学生用书和教师用书的使用策略与行为进行了深入探究，下文将分别进行阐释。

3.1　黄老师的学生用书使用策略

黄老师采用了多种改编策略来使用学生用书。他在访谈中表示，自己使用最多的是调整顺序策略，其次为删除和修改策略。考虑到课时、学生学习压力等现实因素，他在日常教学过程中几乎不会采用增加策略。

黄老师调整教材内容的讲授顺序主要是为了"提高教学效率"等。例如，英语教材中每个单元均设有语法模块，该模块通常位于教材内容的中间位置，即学生经过一系列听说练习和对话文本学习之后才会进行语法学习。但当黄老师认为某个单元的语法模块比较重要，能够更好地帮助学生从一开始就注意到这个语法知识时，他会提前讲授该单元的语法内容。他说：

> 调整顺序是为了提高教学效率，比如说如果我这节课想先上语法模块的话，我可能就重点去关注语法模块。（比如）我可能为了让学生感受到这个形容词比较级的重要性，我就先把这个讲完。（黄老师第一次访谈，2022 年 10 月 30 日）

黄老师认为自己使用较多的策略为删除和改编策略，这两种策略的使用同样均与教师认知相关，即当黄老师认为某部分教学内容并不重要，在考试中出现的可能性与频次较低，或者学习及练习方式与考试形式差异较大时，他会选择删除或者跳过。他说：

> 以一个单元为例，我不可能从第一个单元的第一页开始，然后按部就班（地教）。一些非重点的东西，比如说 role play、group work 这一块，如果我觉得不是很重要的话，我就会直接把它删掉。（黄老师第一次访谈，2022 年 10 月 30 日）

除此之外，由于黄老师学校所使用的仍为2012年版的教材，不少内容在时效性等方面略显不足，这也成为黄老师采用删除和改编策略的主要原因之一。

> 我觉得有时候书本里面提供的素材太老旧了，我会结合一下进行改编（注：经确认，黄老师本意为，将该部分内容删除后补充新内容），就不会直接去用，除非它提供的东西或者说素材是特别好、特别经典的。（黄老师第一次访谈，2022 年 10 月 30 日）

基于上述发现，研究者分析了黄老师对英语教材七年级下册第11单元的实际授课，发现他对本单元教材内容的处理与他本人在访谈中的说法并不一致，即他主要采用了删除和增加两种策略，一定程度上反映了教材内容对教师认知与实践的动态影响。具体而言，该单元共分为A、B两个部分，中间为Grammar Focus。除单元结尾的Self Check外，全单元一共包含19个活动。统计分析发现，黄老师在A部分的1a环节增加了歌曲视频赏析（见图1），并要求学生说出视频中的动物的单词：

（播放完视频后）

黄老师：这个视频，每个部分它出来的动物都是不一样的，有没有发现，对吧？每一次拖拉机出来的时候，后面载的动物都是不一样的。有没有发现，出现了哪些动物？

学生：牛、羊，还有马。

黄老师：好，我们来把出现的动物用英语表达一下，好吗？

学生：好。

图1　黄老师为学生播放的视频截图

被问及增加一段内容的缘由时，黄老师表示，本单元话题为school trip，而课文第一个活动的对话讨论去农场的所见所闻，内容涉及有关动物的词汇，增加该视频的目的是"帮助学生复习、巩固有关动物的词汇，同时歌曲的形式也有助于提高学生的学习兴趣"。

与增加策略相比，黄老师运用删除策略更为频繁。统计表明，黄老师在讲授本单元教材内容时，总共删除了6个活动，删除的教材活动内容包括对话操练（A部分1c）、选择题（B部分1a）、听后回答（B部分1b和1c）、词义分析（B部分2a）和读后问答（B部分2b中的问答题和2c）。究其原因，黄老师指出，A部分的1c和B部分的2a在早读课中已进行讲授，没有保留该部分的教学录音，而删除其他内容的主要原因则与课时进度以及考试相关。他说：

> 因为课时的一些原因（进行了删减），当时上11单元的时候已经临近期末考试了，时间比较紧张，也是从考试的角度去讲这个教材的。所以当时考虑的是，跟考试关系不是特别大的一些内容，就一带而过了。（黄老师第二次访谈，2022年12月16日）

3.2 黄老师的教师用书使用情况

除此之外，研究者还对黄老师的教师教材使用行为进行了研究。结果发现，黄老师很少使用教师用书，且对教师用书评价不高。他认为教师用书结构安排刻板，理论性较强且术语过多，没有突出考试重点等，应用参考价值不大。因此，黄老师在备课过程中更倾向于参阅市场上的教辅书，因为教辅书中的练习更能体现考试要点，从而帮助教师把握授课重点，提高学生考试成绩。他说：

> 我一般不会去参考教师用书。教师用书是严格按照教材的顺序去编的，它没有重点，没有这种重难点的区分度，就是让你感觉好像每个都要学一样，但是好像每一个又都不是那么重要。我倾向于去用我刚才跟你讲的教辅书。（黄老师第一次访谈，2022年10月30日）

3.3 影响黄老师教材使用的多重因素

研究发现，一系列内外因素层层渗透、相互关联，共同调整了黄老师对学生用书和教师用书的使用情况。首先，从教育背景来看，黄老师虽然拥有硕士学位，但他所学专业为国际关系专业，且本科专业为历史，均与外语教育教学无关。缺乏相关专业知识基础和专业培训（详见下文）以及在校教学经历有限等可能也影响了他对教师用书的看法和使用。例如，他在访谈中表示：

　　一般情况下，教师用书我基本上是不使用的，因为我觉得里面的一些条条框框的东西是很机械化的，虽然很成体系，但是很固化我的教学思路……而且它的理论性术语很多，我感觉像大学课程里面用的那种书一样，根本就不太适合基础教育（教师）用。（黄老师第一次访谈，2022 年 10 月 30 日）

　　由此可见，由于不相关的教育背景以及缺乏培训（详见下文）等因素，黄老师对教师用书评价不高，使得原本作为教师理解教材编写理念、落实相关教育教学政策、结合科学理论开展有效教学活动重要知识来源的教师用书沦为"机械化""理论性术语很多"的不太适合"基础教育（教师）"用的无关材料，取而代之的是市场上质量良莠不齐、编写人员专业素养不明的教辅用书。黄老师偏向于使用教辅用书某种程度上也与其工作经历有关，因为此前他主要的工作职责是辅导学生提高中高考成绩，同时也承担了部分讲义编写、教师培训等工作。由于多年的工作内容始终围绕提高学生成绩，这给他的教学理念深深烙印上了应试的痕迹，使他在教学中"理所当然"地关注学生分数和偏爱提分材料。

　　作为最重要的教育场所，教师主要在课堂上使用教材，并基于教材与学生形成教育互动、推动教学进度，因此课堂环境、教材内容、学生因素以及教学进程等都有可能对教师使用教材产生重要的调整作用。在本研究中，黄老师没有感受到课堂环境（如空间大小、灯光照明、座椅可移动性等）对教材使用有何影响，但教材内容、学生因素和教学进度等对他使用教材影响较大。如前所述，由于黄老师所使用的英语教材出版于 2012 年，距今已超过10 年，其中部分教学内容难免陈旧，需要教师灵活处理教材内容开展教学。此时，黄老师便会将其删除或者替换教学材料。

　　至于学生因素，黄老师表示自己也会根据学生兴趣、需求、水平等因素灵活处理教材。例如，对于教师用书和学生用书上的小组活动等任务，黄老师常常将其省去，一方面他认为这些活动"不符合学生的水平"，另一方面则是因为他认为与考试关联不大。最后，由于课堂教学中的复杂性与多变性，同一年级各个班级，甚至同一教师的不同班级授课进度可能不尽相同。当发现自己的授课进度赶不上其他教师而又面临考试压力时，教师往往会调整自己的教学内容安排。例如，黄老师提到由于期末考试临近，他便将部分与考试关联度不大的教材内容进行了删除。

　　除此以外，学校的日常教研活动、教师工作管理制度等也对黄老师的教材使用产生了重要影响。黄老师在访谈中表示，学校几乎没有安排过任何关于教材使用的培训，因此对于如何使用教材完全仰赖教师个人的认知理解和基于经验的价值判断，而教师在日常的教研活动中也很少提及如何科学、创造性地使用教材，更多的是围绕考试重点对教材内容上的重难点进行讨论。此外，黄老师还向研究者表示，他将私立学校定位于"培训机构和公立学校之间"。

> 私立学校处在培训机构和公立学校之间的一个夹缝中……它跟公立学校不同的（地方）可能在于它的考核机制不一样。培训机构它不像公立学校，它又不用（学校的）教材。私立学校要抓成绩，再现实一点就是影响你的工资。你带的班到底是好是坏，这是考核你的一个很重要的标准……也会影响入学率。（黄老师第一次访谈，2022年10月30日）

黄老师在交流中向研究者透露了学校对于教师的管理工作以及学校的生存状况。由于乐思学校是一所民办私立学校，需要靠优质的办学质量和口碑吸引家长、维持办学，而学生的升学成绩成为乐思学校吸引生源的重要参考。因此，乐思学校的老师可能在提高学生成绩方面背负了比公立学校教师更为沉重的压力。学生成绩不仅事关教师的工资，甚至影响其职业的稳定性。这一工作环境不仅导致教师的教研活动更偏向于讨论与考试相关的内容，也影响了黄老师对教师用书的看法、态度，以及对教材内容的取舍。

4　讨论与结语

外语教材的有效使用决定着教材价值在教育教学中的有效转化，对于满足新时代国家战略需求、推动外语教育发展至关重要（徐锦芬、刘文波 2023），而教材使用的关键在于教师是否有意识地关注教学目标和学生的经验，并以之为基础反思教材使用的过程（安桂清 2019）。教师应成为教学内容的开发者，根据学生需求、基于自身知识与经验对教材进行二次加工与开发（王世伟 2008）。本研究采用质性个案研究方法，通过收集多种来源的数据，对一名民办学校初中英语教师的教材使用策略及其影响因素进行了深入探究，回应了以往学者对于扎根课堂开展研究的呼吁（蒋联江等 2020；徐锦芬、刘文波 2023；张虹等 2021）。研究发现，与以往研究结果和发现较为一致的是（张虹等 2021；徐锦芬、范玉梅 2017），该名教师采用了多种教材使用策略，如删减、调整顺序和修改等，但课堂教学录音分析发现他还采用了增加策略，显示出教材内容对教师教材策略运用的动态影响。此外，研究还发现该名教师几乎不使用教师用书。

　　对于教材使用的研究不可忽视其所处的微观课堂情境和宏观社会文化情境，更不可忽视教材使用系统中各要素的关系与互动，因此影响教材使用的各类因素也是研究焦点之一（徐锦芬、刘文波 2023）。与以往研究结论也比较一致的是（徐锦芬、范玉梅 2017；张虹等 2021），本研究发现一系列内外因素相互关联、渗透，共同调整了黄老师对学生用书和教师用书的使用情况（见图2），体现出教师教材使用的情境性、复杂性和关系性等特征（徐锦芬、刘文波 2023）。具体而言，教师个人的教育背景、工作经历影响教师认知与教学信念的形成与发展。由于在本科与硕士阶段所学专业均与外语教育与教学相去甚远，所以他对教师用书理解不深，未能将其作为有效备课的原点（陈黎春 2008），从而使得个体经验（如八年的一对一考试辅导工作经历）成为个体层面影响其教材使用的重要调整因素，使得他在教学过程中摒弃教师书，转而依赖市场销售的教辅用书，并且在教学进度紧张之际，将与考试内容无关的教材内容删除或跳过。

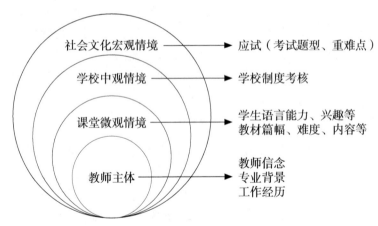

图2　影响教师教材使用的多重因素

　　此外，本研究还进一步发现，相较于公立学校，外部考试压力以及应试教育因素似乎更加弥漫于私立学校各个层级，更加深植于教师的教材认知与教学理念，这与前人研究结论较一致（Tomlinson & Masuhara 2018；罗少茜、徐鑫 2011）。例如，Tomlinson & Masuhara（2018）考察了七个国家和地区从小学到大学的八项关于教师改编教材内容的实证研究，以确定影响教师改编行为的影响因素。结果发现，考试对教师的改编行为具有普遍的反拨影响，尤其是在中东和亚洲国家和地区，证明了考试是调节教师教材使用的最有影响力的因素之一（转引自Masuhara 2022）。鉴于私立学校作为公立学校之外的"选择性选项"存在，当地家长对于分数的重视和追捧致使学校对教师能力的定位很大程度上取决于教师能否提高学生成绩，这直接导致教师在研讨活动中更重视学生成绩的提升，教师在使用教材内容时更关心考试的重点。在专业知识缺失，而教材使用培训等干预手段缺位的情况下，教师对教材内容的判断和使用体现出深厚的应试色彩也就不难理解了。

朱彦（2013）认为，有效的课堂教学强调教师对教材的再开发和再利用，选取和挖掘与教学目标相匹配、与教学设计相适应的教学材料。教师能否有效开发和再利用教材取决于"教师对教材的理解，与他们的信念、专业知识和经验的契合，以及他们根据特定的学习者调整教材的能力"（Garton & Graves 2014：275）。Masuhara（2022：284）进一步指出，教师对教材的二次开发或改编有可能被认为对课程不重视，可能导致课程目标无法实现。但如果教师能够真正理解课程和教材的基本精髓，那么教师的改编或二次开发就可以为课程注入活力，以最适合学生的方式来实现课程目标，使学生在课堂内外都成为自愿和自主的学习者。罗英、徐文斌（2020）总结认为，教师在使用教材时应遵循适材而用、适境而用、适教而用和适生而用的原则。然而本研究发现，该名教师虽然使用了多重能动策略对学生用书进行二次开发，体现出一定的差异能动性，但受制于教育背景不太相关和相关培训缺失等因素，教师对初中英语课程标准和如何使用教材践行和落实英语学科核心素养缺乏一定的知识储备，再加上民办学校办学定位和教研文化，以及自身教学经验尚不足等因素的影响，教师在实际教学中应试导向色彩浓厚，课程目标意识不强，难以实现教材的育人价值，也难以实现学生的全面发展。此类情况也出现在部分高校英语教师身上。例如，张雪梅（2019）指出，部分高校教师在教材实际使用中未能充分认识教学目标，没有领会编写者的意图，也未能依据学生的特点和需求通过适当增加、删减等方式加工和改编教材，从而无法真正发挥教材对英语学习的作用。因此，杨港、彭楠（2021）呼吁，外语教师必须始终坚持学生接触目标语、激发和保持学生兴趣、创设使用目标与等原则，要树立统一性和多样性相结合的教材观，对准确把握编写意图基础上增强使用教材的创造性，通过多重途径不断提升对教材的二次开发的能力。

　　鉴于此，本研究提出如下建议。首先，教师作为教材使用主体，应加强自身学习，主动寻求提高自身专业素养和有效教材使用能力。教师可通过实践反思性教学和开展课堂研究等方式发现和解决问题，努力突破"为考而教"的应试导向思维。其次，作为师生教育活动的重要场所，学校应为教师提高自身专业素养和教材使用能力提供平台与资源，如邀请教材编写者和优秀教师讲解编写理念和分享有效教材使用方法和经验等，加强本土化教材使用有效实践的分享与交流。同时，民办学校应审慎考虑是否以考试成绩作为考核教师的主要评价指标，研究表明，学校考核教师的标准直接影响教师使用教材的热情（严佳丽 2016）。民办学校教学管理层面应积极学习教育教学理念，改良、优化教师评价考核制度。最后，各层级公共教研活动应将民办学校教师纳入培训范围，鼓励民办学校教师积极参加相关学术、培训以及竞赛活动等，努力实现以评促教 / 促用、以赛促教 / 促用，有效提升教师的教材使用素养。

　　由于本研究的研究对象仅一名，虽然通过分析不同来源的数据，一定程度上深度体现了教师的教材使用现状及其影响因素，但若要加深对于基础教育领域教师如何使用教材的了解，未来研究者可通过量化研究或混合研究的方法来覆盖更多教师样本，推动教材使用研究的推进。此外，由于本研究未能开展实地观察，且分析内容仅为一个单元的授课，对于课堂场域中教师如何使用教材进行教学的观察与分析难免存在局限性，未来研究者可在此方面寻求突破。最后，本研究的研究对象仅为教师，未来研究者可将学生、教学管理者甚至家长的声音纳入其中，从而帮助业内研究人员从更多视角加深对于教师教材使用的理解，为优化相关政策和培训活动提供参考。

参考文献

Asmussen, K. J. & J. W. Creswell. 1995. Campus response to a student gunman. *Journal of Higher Education*, 66: 575-591.

Garton, S. & K. Graves (eds.). 2014. *International Perspectives on Materials in ELT*. Basingstoke: Palgrave Macmillan.

Geertz, C. 1973. *The Interpretation of Cultures*. New York: Basic Books.

Masuhara. H. 2022. Approaches to material adaptation. In J. Norton & H. Buchanan (eds.). *The Routledge Handbook of Materials Development for Language Teaching*. New York: Routledge. 277-290.

McDonough, J. & C. Shaw. 2003. *Materials and Methods in ELT: A Teacher's Guide*. London: Wiley-Blackwell.

Menkabu, A. & N. Harwood. 2014. Teachers' conceptualization and use of the textbook on a medical English course. In N. Harwood (ed.). *English Language Teaching Textbooks: Content, Consumption, Production*. London: Palgrave Macmillan. 170-174.

Merriam, S. B. 1998. *Qualitative Research and Case Study Application in Education: Revised and Expanded from Case Study Research in Education*. San Francisco: Jossey-Bass Publishers.

Rallis, S. F. & G. B. Rossman. 2009. Ethics and trustworthiness. In J. Heigham & R. A. Croker (eds.). *Qualitative Research in Applied Linguistics: A Practical Introduction*. London: Palgrave Macmillan. 263-287.

Tomlinson, B. 2012. Materials development for language learning and teaching. *Language Teaching: Surveys and Studies*, *45*(2): 1-37.

Tomlinson, B. 2022. The discipline of materials development. In J. Norton & H. Buchanan (eds.).*The Routledge Handbook of Materials Development for Language Teaching*. New York: Routledge. 3-16.

Tomlinson, B. & H. Masuhara. 2018. *The Complete Guide to the Theory and Practice of Materials Development for Language Learning*. Hoboken: Wiley-Blackwell.

Yin, R. 2003. *Case Study Research: Design and Methods* (3rd ed.). Thousand Oaks: Sage.

安桂清，2019，教材使用的研究视角与基本逻辑，《课程·教材·教法》（6）69–74。

陈黎春，2008，教学用书:教师有效备课的原点，《教学与管理》（14）：19–21。

国红延、战春燕，2011，一项关于大学英语教材对教师专业发展作用的调查研究，《外语界》（4）：67–74。

蒋联江、何琛、赵以，2020，教师使用教材图片资源的叙事研究，《全球教育展望》（4）：68–84。

罗少茜、徐鑫，2011，初中任务型英语教材使用情况的调查与分析，《课程·教材·教法》（3）：69–74。

罗英、徐文彬，2021，数字时代教师教材理解的范式转换，《课程·教材·教法》

（12）：11–18。

王世伟，2008，论教师使用教科书的原则：基于教学关系的思考，《课程·教材·教法》（5）：13–17+22。

徐锦芬、范玉梅，(2017)，大学英语教师使用教材任务的策略与动机，《现代外语》（1）：91–101+147。

徐锦芬、刘文波，2023，外语教材使用：分析框架与研究主题，《现代外语》（1）：132–142。

徐巧云、楼世洲，2022，"应然"抑或"实然"：我国民办教育政策研究的主题分析与理性反思，《教育与职业》（3）：77–84。

严家丽，2016，试析影响教师使用教科书水平的因素——基于15位小学数学教师的调查，《数学教育学报》（6）：51–55。

杨港、彭楠，2021，数字时代高校外语教材研究的自传式叙事范式，《当代外语研究》（2）：96–105+112。

曾天山，1997，《教材论》。南昌：江西教育出版社。

张虹、李会钦、何晓燕，2021，高校英语教材使用及其影响因素调查研究，《外语教学》（4）：64–69。

张雪梅，2019，新时代高校英语教材建设的思考，《外语界》（6）：88–93。

朱彦，2013，提高外语课堂教学有效性的关键因素——兼析第三届"外教社杯"全国高校外语教学大赛的优秀教学个案，《外语界》（2）：50–58+68。

左群英、汪隆友，2021，从认知到体验：中小学教材使用的具身转向，《中国教育学刊》（3）：66–70。